HUGIBOOKS

HUGIBOOKS

心靈家書
的療癒力量

SAY HELLO TO
YOUR ANCESTRY

&

GET THE COURAGE
TO BE WHO YOU ARE

用書信對話法，化解親情難題，
釋放你被封印的愛與力量

Ilse Sand

伊麗絲・桑德 著　王子敏 譯

目錄 contents

讓祖先給你勇氣，活出自己

　　我在 20 多歲的時候，對於自己是怎樣的人並不太確定。而且與其說我在體驗或享受生活，不如說更像是在表演。身處不熟悉的社群情境時，我也不會去體察自己需要或想要說什麼以及做什麼，只在意該怎麼做別人才會喜歡我。如果跟身邊的人意見不同，我不敢說出來。從那時候開始，我便開啟了自我成長的歷程，然後一步步確立自己的樣貌，從而也越來越有勇氣全然活出（並展現）真實的自己。

　　你能否了解、感知，甚至具有多大勇氣能堅守自己的立場，在在都跟你是否能信靠自己的親緣關係息息相關。也許你的父母或祖父母能夠了解你，並且如實看待你，他

們可以透過這種方式來支持你展現自我。**如果他們能這樣以你自身的條件正視你,你就不必變成他們想看到的樣子,或者讓自己去滿足他們的需求。**如果是後面這種情況,你可能已經偏離自己,並且對於自己是誰以及具備什麼都很動搖不定。不過好消息是,只要發現了都不嫌晚,你還是可以獲取成為真實自己的那份支持力。

你曾真正被看見嗎?

被看見的感覺,是一種很強烈的生命受到肯定的體驗。這種感覺會發生在與人交流時,對方態度全然開放毫無保留,甚至也沒有預設要在這次交會中達成什麼目的。你可能經歷過(或許只是短暫),他人給你的回應恰恰與你所傳達的頻率相符時的那種感覺,你可以在對方的語調與面部表情認出自己的樣貌。比如當你展現喜悅,對方臉

上就現出光采，你看到自己的喜悅在對方眼裡閃閃發光；又或者當你眼眸透露哀傷，而你看到他人臉上就反應同樣的表情；也有可能是某人言談之中，讓你感到他懂你，比如某個同事宣稱：「你可能想要有點作為！」你感到他所說的正中下懷。

就像孩提時（成年後亦然），我們是從他人對我們的反應來摸索出自己樣貌的。**如果你身邊的人能看見真實的你，你會因而擁有很穩定的自我認知。**

然而在這方面，很少父母能真正看見他們的孩子。大多數人或許在特殊情境下能做到，但一般來說，父母從孩子身上看見的，經常是他們自己。

你有如實展現自己的內在支持力嗎？

如果你有充分被看見，而且獲得支持與認可的話，那

麼多數時候，只要你想要或覺得有必要時，就很自然能毫無畏懼的表達自己。這有點像是從親戚或他人而來的慈愛、肯定的關注與支持進入了你，變成一種內在支持力。若具備這種內在支持力，就算身邊所有人都持不同意見的情況下，你都還是能夠支持自己，堅守自己的立場。

然而有沒有獲得支持，也不是這麼絕對。你可能具有在某些面向展現自己的內在支持力，而至於要展露其他某些方面又會感到害怕。我想，你應該會在開心的時候比較容易展現自己，當心生羨慕或無助的情境下就比較退縮。至少大多數人都是這樣的。

以下幾個要點，可以讓你確認自己是否具備足夠的支持力。

缺乏內在支持力的徵兆：

● 你對自己以及自己的價值感到懷疑，特別是當你處在像是受到批評、被拒絕或者被忽略等情況時。

- 當你在人群中脫穎而出時，會變得不自在。
- 你不確定當你出錯後，別人是否還會喜歡你。
- 當發現你的意見跟他人相左時，你會避免發言。
- 你通常不由自主會壓抑某些感受，比如悲傷或憤怒。
- 在不確定對方會 100％有同感時，你會隱藏自己對對方好感。
- 在某些社交場合，你會僵著臉維持微笑表情，而且覺得很難放鬆。
- 你會躲藏在某種面具下，可能是滔滔不絕、沉默不語，或者笑得很大聲。
- 你在人群圍繞時，常會很小心翼翼，彷彿你需要很努力爭取加入這個社群的權利。
- 你會以你希望成為的那種人那樣展現自己，而不是依據內在真實感受來表達你所想要或需要的。

如果你發現自己吻合了上述某幾個描述，那麼獲得更

多內在支持力會對你有幫助。有時候我們並不知道自己缺乏什麼，直到有一天我們獲得了它。那一刻我們會瞬間明白，原來就是這個能讓我們感到完整。

從祖先療法獲取內在支持力

在我個人經驗與專業工作上，我發現以一種特定的方式與親族會面，再結合坦誠並願意示弱的態度與之交流，具有一種療癒力量，我稱之為「祖先療法」（ancestry therapy）。你當然可以透過專業治療師來幫助你做療癒；而這本書中的焦點則放在，你可以如何透過這種方式，運用自己的親族成員來療癒自己。祖先療法能幫助你體驗到被看見，並從重要親人身上接收到全心全意的肯定，而這能夠幫助你消除過去在傷人的互動中深深埋下的創痛。

誠實而直接的做法

這項療法包含兩大部分，一是溝通，可以用書信等方式做到。主要規則是，這些信件並不寄出，只為自己而寫。因此你可以在完全不需與親族有任何聯繫的情況下，自己進行這項療法。也就是說，即使親人已經離世，或者不願、無法與你見面給予你肯定，都絲毫不影響你進行這項療癒。

寫信給已故或者任何形式上失去的人，是十分著名的治療技法，說出來不及說的話對於走過哀悼的歷程非常有幫助。這本書將會協助你拿捏哪些話是需要說出來的，不管是對已故或仍在世的親人。

另一個部分是寫反方向的信，也就是說寫一封親戚寫給你的信，依據我個人的經驗，這種方式效果更好。這不僅能給予你你所需要的肯定確認，還能讓你了解自己更深層的需求與渴望。

你可能會認為，寫一封某個親人寫給你的信，感覺起來有點矯情或造作。不過多數人發現，開始動手去做後，比想像中容易做到。而且你可能會很驚訝的發現，這類的書信竟能帶給人如此深度的釋放，即使那全都是你自己所寫的信。

如果你並不喜歡書寫，也可以替換成別種方式，比如運用紙偶進行對話，本書最後有附紙樣。或者你也可以運用兩張相對的椅子，想像你和一位親戚面對面坐著，並進行對話。

讓你的親戚以本質狀態存在

除了如上述這樣坦誠的溝通交流，你應該要想像你所對話的那位親戚是以其本質狀態存在。在這本書中，我所談到的一個人存在的本質，指的是這個人的核心，未受生

活損傷的本心。當我們以本質型態存在，心胸自然開放，而且我們可以無所畏懼的感受愛、表達愛。

非常幼小的孩子能夠輕易親近自己的本質，不過我們很多成年人已經跟自己最深層的內在失去聯繫，也罕能親近那個層次的自己。而在這個療法進行過程中，我們會突然能夠察覺到那種連結，而且清楚的感到身歷其境。那會像是我們在自己內在之中親臨一隅天堂般。

在一些特殊的場合，比如臨終病床旁，環繞的親戚與即將離世的人感到異常親近，他們能表露出的情感強烈程度，連自己都感到意外。這種時候多半是因為受到重大的哀傷的刺激，讓他們碰觸到了自身的本質。

當你用親戚的口吻寫信給自己，應該要以這人在本質的狀態下寫這封信。你或許不會在現實中遇見那樣的他，也許他平常多多少少都帶著某種假面具或扮演某種角色，可能他自認是個「厲害的人」、「有趣的人」、「楚楚可憐的人」，或者「一切都在他掌握之中的人」。活出本

質，就是放掉所有你希望擁有的形容詞，不試圖努力成為什麼，只是坦誠而不設防的活在當下。

如果你覺得那樣很難揣摩，那就想像你的親人半夜醒來，呈現出一種平常沒有過的清明眼神，可能會幫助你進入狀況。這時你就想像讓那樣的他，寫信給你。在信中他會說出你一直想要從他口中聽到的真心話，那些他在現實世界礙於種種原因無法表達的。當你從中接收到某些訊息，比如一個道歉，你可能會非常訝異的發現，它對你的衝擊效應如此強大，即使那是你自己所寫的信。

為何與祖先的關係十分重要

你的父母、祖父母以及所有親族，對於你之所以成為今天的你，影響甚鉅。即使已經逝去的，甚至是你從未曾謀面的，他們都至關重要。你身上帶著他們的基因。你對

他們或許有某些了解，或只是內心對他們有某種想像。你內在的想像可能包含別人告訴你的，或是你自己跟他們相處所體驗到的，也或許是你看到一些照片而產生了描繪揣測。近年的表觀遺傳學也顯示，經驗是有可能會代代相傳好幾個世代的，那表示你的祖先的各種經驗，也已經影響了你。

你的親戚某種程度上是你當前自我認知的一部分，因此他們對你的態度給了你什麼感受，對你來說非常重要。也就是說，無論他們是批評你、想要改變你，或者支持你，都一樣會發揮作用。

我們很容易會複製父母的行為模式，而他們可能也是複製他們父母處理關係的模式。某些跟最親近的人相處的模式，是代代相傳的。我們有的會直接複製，模仿他們，有時是反向承襲，刻意反其道而行。後者這種情形很有可能會出現這樣的情節：某個女孩有個逆來順受的媽媽，她長大後處事不輕言妥協，因為她不想讓他人來擺布她的人

生。她很高興自己跟媽媽一點都不像，然而她可能沒意識到，她的強硬作風跟媽媽的順從，都一樣不夠靈活、無法順遂。

與賦予你生命、教導你人生之道的人維繫內在平和的關係，對於你的幸福極為重要。從中你必須兼顧到接納他們是他們，你是你，否則跟他們的不協調關係，也很容易使得其他人際關係也走樣。例如：你可能會感到只要是你所擁有的一切，都必須給予你的朋友，因為你孩提時候家人之間就是這樣做的。你也有可能會給伴侶許多無謂的壓力，因為你並不知道自己從對方身上索求的，是你本來應該從父母那邊獲得的滿足。

通常我們都不知道自己重蹈覆轍了某些家族的課題，也並未體認到在自己當前面臨的挑戰中暗藏了多少隔代印記。你可能會發現，當你開始著手處理了你跟祖先的關係，你其他關係的問題也會迎刃而解，或者瞬間更加明白問題背後的緣由。

痛苦與喜悅都代代相傳

也許你因為父親或母親沒能給予你該有對待，而一直承受某種內在痛苦，比如這種痛苦來自你的母親，導致你一直對她忿忿不平。那可能會阻礙了你親近她的渴望，或者對她同理的能力。

拓寬視野能夠讓一切有所改變。就某部分來說，母親能否給予你你所需要的，也仰賴她是否從她自己的父母那邊獲得過。接著往上推演，那對父母是否有能力適切付出又取決於他們的父母。因此在血緣親族之內，痛苦與喜樂都是這樣一代傳一代的。

想像你的母親後面站著外婆，外婆身後有外曾祖母以及外高祖母……。你也可以想像你母親後面有外公，外公的身後還有他的父親……。就這樣你的母親身後有兩排親族，這後頭每位祖先身後又有兩排親族，層層開展。

我有時會建議個案思考，在處理從童年經驗而來的憤

怒時，不應只對著父親，而應該要轉向整個親族，這樣能夠釋放掉她跟父親關係的重擔。這樣做到某個程度時，父女之間的關係會開始產生新的契機，有時這最終還能使得父親有辦法開始對女兒提供愛的療癒力量。

把憤怒對向整個先祖而非某個長輩，是很好的緩衝點。有一天當你夠強大，有辦法包容自身的痛苦與悲傷的時候，你對祖先的憤怒也會自行消散。

你痛苦的根源，追究起來或許可以向上溯及好幾個世代，但是你很有機會能夠終結家族中某些甚至是很多功能失調的問題，讓未來的世代少承襲一些負擔。而你所貢獻出來那些好的部分，也會經由與你血脈相連的後人，代代相傳。

因此當你進行祖先療癒，你不僅在療癒自己，也在療癒所有親人。

自然法則

父母應該要提供愛、關懷與肯定給他們的孩子,孩子再把這些傳遞給他們的下一代,接著再傳給更下一代。為人父母的任務就是要關照孩子的感受、反應,這孩子因而能夠學會對自己的內心感受很自在,並且也能取得所需要的照料。

然而這在某些家庭卻完全反過來,父母期待從孩子那裡獲取照料與快樂,而孩子也過度關注父母的安好狀態。某方面來說,他們扮演了父母的家長角色了。這種角色錯置製造了很多問題,一方面孩子無法獲得內心茁壯所需的養分,再者這種角色倒置的模式又會延續到下個世代,製造更多缺憾,因為這些必須扮演父母的家長的人,也沒辦法為自己孩子付出太多。

我們或許不應該期待從孩子身上獲取什麼,不過我們卻應該確保自己能想辦法從祖先身上,盡其所能取得各種

好的傳承並澤被後世。

在功能運作得好的家庭中，孩子會具有穩固的根基，就像樹透過根系能夠吸取養分成長苗壯，孩子也能從知道自己擁有親人的支持，而獲得強大的力量。

如果你沒有孩子

我在這本書中，多次寫到傳承一些美好的給孩子，但對於沒有孩子的人來說，每當文中提及「孩子」，你都可以將之想成你所關心的人，以及你想付出的對象。可能是你男友的孩子，你的姪子或姪女。你流傳美好的方式很多，或許是透過藝術、音樂或你的工作，你創造出美好的事物、傳遞喜悅給世人。你也有可能是會對櫃檯服務人員報以微笑的那種類型，而這位服務人員感覺受到振奮，下班後對她的孩子格外關愛——這樣一來，你也對未來後世

留下了美好的印記。我們都會流傳某些東西下去，不管有沒有孩子。

你不想要接觸嗎？

也許你已經決定不再見某個或某些親人，我也不會建議你重啟接觸，如果那對你真的不好。對有些人來說，不要接觸他們的父母或祖父母，對他們反而是最好的。

有些人不想接受某個或某些親戚給予的任何東西，因為他們害怕自己會變得像他們一樣，或者過他們那樣的生活。但是運用祖先療法的工具，你可以讓親戚給予你某些正向的東西，而不承襲他們精神層面或者負向行為的模式。幸好如此，因為你需要他們的福澤，也需要透過他們取得整個先祖的福澤。你取得的這些德澤可以讓你流傳給孩子以及所有你重視的人。請別因為他們是祖先、他們想

給予你而接受，倒是該為了能夠把美好的東西，傳給後世而接受。

決定切斷聯繫只解決了一半的問題，既然你帶有他們的基因，某種程度上他們一直都住在你的身體裡。例如：有時在某種情況下你就是知道母親會說什麼，即使你沒有事先問過她。因此如果你對某個親人一直有著負面的想法與感受，你可能會付出很大代價。那個代價就是你讓自己遠離跟那個親人相似的那部分的自己，而你內在因此會一直感到有個缺口，因為你完全或者某種程度跟那部分的自己脫鉤了。

如果你運用祖先療法與親人和解，你緊接著就會體驗到一股全新的內在平靜，那讓你能更自由自在順暢呼吸——即使你仍然不願見到他們。

「我」和「你」的對話——祖先療法的基礎

　　每當我們談到人際關係的痛苦，往往會變成關於他人與我們自己的「故事」。我們會開始描述他人的所言所行，我們付出多少，以及那對我們產生什麼危害。我們可能已經議論過這段關係無數次，所以當我們又再次談論它的當下，可以沒有情緒，體驗不到釋放也不會產生什麼新的見解。

　　如果我們可以不談論關於某人的「故事」，而是直接稱呼關係中的另一方，你會為它增添新的面向，揭開全新的局面。身為心理治療師我經常感受到那種轉變，以下就是這樣的例子。

　　艾琳告訴我，關於她跟父親之間那種令她痛苦的關係。她說了很多父親說過與做了的事情，以及她多希望當時他怎麼說怎麼做。有一次我在她面前放了一把椅子，請

她想像父親正坐在上面,然後我請她再說一次剛剛對我說的那些,只是這次是直接對著父親說。而這時,出現了全新的發展。她變得沉默並思索著該怎麼說。艾琳說出來的句型,變成像是「爸,我感覺很……」,或是「爸,你可能從來都不知道……」她的心情變得緊繃,情緒很強烈。艾琳從談論關於父親的故事,聚焦在他,現在變成轉而向內探索,從自己內在發聲。當直接接觸到「你」,這種奇妙的轉變就會瞬間發生。會怎麼發展無法預期,不過它會喚醒全新的想法與感受以及更深的存在感。

當你想要對「你」直接表達某些事,你當然可以直接找上他們,如果他們還活著的話。但這裡我們會做的是,如何在對方不在場的情況下進行這樣的對話。

舉例來說,你可以對著照片說話,可以假裝親人坐在面前的椅子上與你對話,你也可以寫信給他們。在書中,比較容易呈現的是後者,這也是何以多數書籍都介紹寫信

的案例。你可以自行把這種做法轉變成其他形式進行,改用說而不是寫也是可行的。

不管你採用哪種工具,背後轉變或釋放的祕訣都一樣,其中都包含了「我」對著「你」進行。不管是你直接對親人說話,或者親人直接對你說話。

本書內容

本書在第一章會收錄許多書信範例,你若想著手進行,接著幾個章節則會針對執行的方法,循序漸進提供具體的建議。在其後的幾個章節則說明你可以如何處理你的信件,以及如果你所選定的親屬仍然在世,或者還為你造成負擔,又該怎麼處理。

在第八章,我介紹了一些用來替代信件的其他工具,或者其他替代方案。第九章是關於原諒與和解。第十章則

是你可以如何改善自己承接自身情緒的能力，並獲致更大的自由。

閱讀本書你就已經能夠獲益良多，即使你都沒有著手使用這些祖先療癒工具。從閱讀書中大量的案例，你就能得到許多啟發，讓你對自己與家族產生全新的想法。

這本書刻意寫得淺顯易懂，是為了讓所有人都能對心理學及關係的議題產生興趣。

本書在提到不明性別的人時，我統一都使用「她」。

前言

釋放人心的書信

2021 年秋天，我參加了一場佛教型態的晚間冥想。我側耳聽見了一個議論：「很多人跟父母都有種複雜的關係。」我情緒上的反應是：「我已經沒有這樣的問題了。」當時，我跟父母的關係已經變得比較親密了，那對我來說仍是種嶄新的體驗。在那之後一直到現在，我能夠明確感受到我身後站立著父母與祖父母（以及他們延伸所及的整個家族），他們全都支持著我，而我也發現這樣的意義有多重大。

我母親還在世的時候，我倆的關係很糾結。只要跟她共處超過兩個小時，我就會被類似憂鬱的情緒淹沒。一切都變得很灰暗，我感到很不對勁，以至於會萌生出如果我

死了應該會對大家都比較好的想法。

　　我母親以前常說：「為什麼妳老是寫這種悲情的主題呢？妳怎麼不寫寫喜樂？沒有人想讀那麼悲哀的事。」當時，我有個高傲的想法：「不如妳自己去寫一本關於喜樂的書啊！可是妳沒有這種自律能力，所以根本做不到。就算妳寫了，內容也一定很膚淺沒有人會想讀它！」我從來沒有真的說出口過。我只是這樣想，然後又再縮回自己的世界。

　　而現在我想到我母親，多半是充滿感激之情。我很感謝我們共度過的美好時光，雖然那不是很常發生。我對她心存感激，因為她賦予我生命，因為她深切的關心我過得好不好。

　　幾年前，我寫了一些很憤怒的信給我母親——那是在我受心理治療師訓練的過程中，一位老師要求的作業。一些未曾寄出的信。雖然那是為了自己所寫的，但當時並不記得有感覺獲得什麼好處。不過那或許為我後來給母親寫

的信先鋪了路，讓我透過它們釋放了自己。稍後你們會讀到其中某些書信。

有段時間，我對母親最強烈的情緒是內疚，她過世之後更是雪上加霜，因為她生病時，我沒辦法按她所期望的那樣對待她。

深沉的內疚

早在我母親被診斷出罹患肺癌之前，我就一直有種恐懼的念頭，很怕她老了、病了，需要我長期隨侍在側。

她身體還健康的時候，我並不常去看她，而且每次只待兩三個小時。她已經習慣了，儘管她從來都不懂為什麼我無法久留，而且總是感覺心情很差。我自己也不懂，我不想傷她感情，所以也沒告訴過她。

後來她病得越重，對我的怒氣也俱增。她氣我都沒有

留在醫院裡陪她去做各項檢查，氣我沒有常去看她。「妳不知道妳還能看著我活多久。」她說。但我已經答應過自己，無論付出什麼代價都絕不會再冒險，讓壓力上身、讓自己生病，也不要冒任何風險導致沒有花費足夠時間在個人事業上，而使得事業失利。

我很驕傲的是，儘管她一直對我施加強大壓力，我都謹守著跟自己的約定。不過與此同時，我卻也對於母親即使生病了還得這麼孤單，而我沒能陪著她，內心感到非常歉疚。我背負著這個罪疚很多年，我甚至無法承受聽到「留在我身邊」這句讚美詩，因為她用這個句子試圖要我待在那裡。雖然我最後還是走了。

書信解放了我

我花了好幾年時間、用盡各種辦法來處理我對母親的

內疚感。我曾在一本書中寫過要練習「用友善的眼光看待自己」，不過母親臨終時我並未隨侍在側，自我譴責一直都在我的意識之中，像個痛苦記憶的背景，時不時的跳出來讓我的心情瞬間轉壞。我是到了母親死後 7 年，才寫了一封她給我的信。而這封信促成了重大的改變。

我至今仍然會在夜裡夢見我母親。前幾天，我夢見自己躺在她的病床上，溫柔的擁著她。醒來後，我感到很悲傷，這在她生前從未發生過。雖然內疚感仍然偶爾會在我內心舞臺上演，但已經不像過去那樣沉重了。

那封信是根源於痛苦的渴望所激發出來的，信是這樣寫的：

....

親愛的伊麗絲：

我很抱歉，直到最後，我都只顧著自己──而且對妳很生氣。我知道妳已經竭盡所能了。妳也有自己

的孩子與孫兒們要照顧，但我就是希望妳能跟我待在一起。

　　對不起，妳其實每週都會打電話給我，好心聽我說一通長長的電話，我真的很感謝。我知道聽我那些矛盾衝突的事，讓妳心力交瘁，謝謝妳還打電話去約靈市政府幫我爭取我需要的服務，我也很抱歉當妳真的爭取到時，我又突然說不要了。

　　我知道妳很脆弱，妳的心力有限，而且妳對外在刺激非常敏感。我知道面對這情況妳有妳的難處，妳也沒有心力趕到約靈來陪我做那些檢查，我只是感到很失望。

　　抱歉，我威脅說要自殺。抱歉，我從來都沒有以妳本身的樣子看待妳，我知道妳想要照顧我，而且妳已經盡妳所能的這樣做了。

　　　　　　　　　　　　　　　　　愛妳的媽媽

我發現，這信好像是自動完成的。而且它無比真實，無比讓人釋懷。我在媽媽畫的一幅畫前，大聲把信念給自己聽，然後淚流滿面。

　　讓我震驚的是，我感覺那股沉重的內疚感，在短短幾天之內就消失了，取而代之的是，我對母親竟開始湧現了愛的感受。那真是美好的轉變，而且完全在意料之外。我或許有想過這書信能讓我放鬆一些，即使沒有，我本來也就已經準備好一輩子背負著沒有陪伴她走到臨終那一刻的內疚的。

　　不同的發展是，現在我感受到母親於她所在的天堂，對我送上了愛，我心中滿溢感激。

已故的親人以本質狀態活著

　　大家應該明白，當我說「天堂」這字眼時，並不是指

外面的藍天，天堂是用了基督教的說法隱喻我們死後會去的地方。

關於死後的世界，大家或許有不同的想像。在此，我會根據我的信仰來表述，不過你並不需要拘泥於此，就算你認為人死後什麼都沒有，你仍然絕對可以採用祖先療法。後續我會說明如何做到，不過現在只是簡短說明我如何看待這些事。

在我的想像中，人死後會離開身體進入另一個世界。在跨越之際，我們會拋去恐懼、所有官能以及一切對不幸所產生的自我保護機制。我們會放下想要扮演的角色，單純以我們的本質存在著。在我擔任牧師 11 年的生涯中，我看過無數逝者，讓我對此確信不疑。每次都很清楚明白：那位寄居在這副身體的人現在已經不在了。身體就像蠟像一樣，本身並沒有個性與生命力。

我們會繼續以本質存在的。在那樣的狀態中，我們可以清明的看待事情，正如使徒保羅在新約聖經《哥林多前

書》中所寫的關於永生：

「我們如今彷彿對著鏡子觀看，模糊不清，到那時就要面對面了。我如今所知道的有限，到那時就全知道，如同主知道我一樣。」（《哥林多前書》13:12）

此時此刻我們所看見的只是廣袤現實的片段，我們大多數人只會短暫片刻體驗到自己的本質，沒多久又會迷失在日常掙扎、憂慮與混亂之中。

我們死後會以本質狀態存在。在那種情況下，能夠領略一切的意義，通曉所有的脈絡。因此即使你的親人生前未曾了解真實的你，他們死後有辦法做到，那時他們會揭開蒙蔽著自己的一切，並且無所畏懼。

抱持其他信仰者

或許你是不相信死後世界的人，即使你把這些信當成是個奇幻的想像，寫這些信仍然會讓你獲得釋放。就如同你在電影中看見受困的英雄掙脫束縛，即使你知道那是虛構的，你仍然會真的感到鬆一口氣一樣，甚至當他跟所愛的人重逢，你還有可能會跟他一起喜極而泣，這過程中你的內在都會發生種種變化。

如果你跟自己內在世界中的親人連結並對話，內心的感受與變化甚至會比看電影更多。你會在個人層面上更深刻的參與其中，而且可能會出現和解契機，讓你的心靈獲得平安與平靜。

當我書寫已故母親寫給我的信時，我把它理解成，我傳送了一個我母親的影像給宇宙，想像她以本質狀態活在那裡，能夠無礙的表達愛。面對這種版本的母親，我感覺到親近而且我觸及了我最深切期待她展現的那個面貌，接

著去寫一封她要寫給我的信。

你也可以運用自己的想像力，把它當成一個遊戲來進行也可以。

關於在世與已故親人的祖先療法

前述你所讀到的是我母親給我的信，屬於已故親人的案例。大多數人覺得針對已故親人，比較容易想像他們以本質狀態存在。下一章你會看到幾個這類已故親人書信的案例，是關於祖父母，大多收錄的是我自己的例子，我的內外祖父母全都已經過世了。

再接下去幾個章節，你也會看到在世親人的書信案例。在其中你會明白如何想像在世親人以本質存在——也就是比他們平常更具有通透的覺知、更有智慧的狀態。

當我親身領略到這種方法竟然如此有效，我就決定撰

寫這本書。我希望它也能啟發你重新改寫你跟父母、祖父母的關係（其實是涵蓋你所有家族親人），讓你可以感受到他們正在背後支持著你，比他們目前所能為你做到的還要更多。

願你享受這過程！

伊麗絲・桑德

於哈爾德・霍維德加德（Hald Hovedgaard）

第 1 章

獲得祖父母的支持

祖父母對你來說十分重要,不管你認不認識他們,
他們都經由你的父母,一直影響著你。

父母是最為重要的，取得他們的支持與認可是第一要務。然而，牽涉到他們，你的情緒反應恐怕也會是最強烈的，如果你被情緒淹沒就難以學會新的方法，因此可以考慮先從祖父母開始。

祖父母的重要性

　　也許你跟爸媽的父母親關係融洽，也許你們之間存在某種距離，也或許你從來都不認識他們。不管你跟他們的關係怎麼樣，他們在你人生中所扮演的角色，都比你想像的更為重要。你身上帶有他們的基因，他們的生命經由你的父母延續下來，於是他們的印記也留存在你身上。因此你的祖父母對於你之所以變成現在的你，扮演了舉足輕重的角色。

　　即使他們無法全力支持你，或者他們在為你付出之前

就已經過世。不過一切都還來得及，這也是祖先療法其中一個非常重要的優勢。

我的祖父母在世的時候，我跟他們的往來並不特別深入。事實上，我跟他們的情感連結較為淺薄，甚至在他們喪禮的時候我都沒有哭，即使我平常是個很容易落淚的人。如果你也跟我一樣，跟你的某位或是跟內外祖父母都不親近，也完全不影響你現在從他們身上獲得一些正向的回饋。

外婆給我的信

我從比較了解我的祖父母開始寫信給自己。我的外婆內向又敏感，她愛好和平、很文靜，而且行事很低調。相反的，我的外公很外向，人緣也很好，而且樂於邀請所有相識的人回家喝咖啡。在多數人眼中，我的外公是個快樂

又好客的理想男人，可惜娶了個憂傷又乏味的妻子。

　　外婆年事高了之後，深為關節炎所苦，而且到了末期，她連頭都無法順暢轉動。她無法顧及自己的孩子，也沒有力氣關懷我們這些孫兒。不過我跟她卻是遠遠的觀察著彼此。

　　當我準備要寫一封她給我的信時，我對於會寫出什麼樣的內容一點頭緒也沒有。不過短短 15 分鐘之間，我就寫好一封我認為讓我此生都會感到愉悅的信。這封信是這樣寫的：

親愛的伊麗絲：

　　我很高興妳跟我一樣愛護動物，總的來說，妳還滿像我的。妳跟我一樣敏感又脆弱，妳也是很容易被壓垮的，常需要自己靜一靜。我很開心看到妳擁有很多我沒有的際遇與契機，而且妳也都好好把握住了這

些機運。

　　每次妳外公帶客人回家，都破壞了我的平靜，而大家都期待我在場並做好女主人的角色，我則從來不敢拒絕。相對的，我硬撐著並且讓自己生病了，結果讓妳的母親甚至於妳，也都因此受到連累。

　　我真的很欣慰看到妳會表達拒絕，並且關照自己。我也很開心看到妳以一種很有創意的方式運用妳的敏感。伊麗絲，妳一定要繼續好好照顧自己。妳已經克服了很多挑戰，妳也一定會安享妳的晚年生活。

　　獻上我最大的祝福與關愛！

　　　　　　　　　　　　　　　　愛妳的外婆 愛倫

....

　　我很訝異自己讀到她關於度過晚年的這些撫慰人心的話語時，感到如此觸動而欣喜。她自己也是如此，事實

上，她活到了 85 歲，而且最後就是過著她所嚮往的那種寧靜的生活。

我也被一種與她休戚與共的感受深深觸動，我們就像同一種質料做出來的衣物一樣，而她先前已走過了我正經歷的路。

祖父給我的信

我的祖父在我 11 歲的時候過世了。我印象最深刻的是，他總是愛把我抱到他的腿上擁著我。我不太喜歡那樣，所以總是想辦法在不冒犯他之下掙脫。他是話不多的人，他會來幫我爸爸粉刷農場的牆壁。我到現在還記得，他那提著石灰桶子跟長刷走動的樣子。當我準備好了，讓他來寫信給我的時候，內容很輕鬆、毫不費力的就透過我的手指一一湧現。

親愛的伊麗絲小可愛：

　　我不是很懂小孩方面的事，我只是很喜歡妳。妳那麼嬌小、嬌弱、漂亮又聰明。我最喜愛妳坐在我的膝蓋上，捨不得讓妳離開。現在我明白了，我需要的是給予妳其他的東西，但願我先前就知道要怎麼給孩子支持。

　　我很高興妳後來發展得很好，而且我很驕傲妳是我的孫女。

　　祝妳一切都順順利利！

　　　　　　　　　愛妳的祖父 克里斯汀

　　寫完信讀了幾次之後，我內心感到富足了些，就像是我已經收到了他的祝福，那讓我足以順利過著我最想要的人生。

承認無能為力讓人釋放

我很愛我的祖父所寫到，他但願自己能做到的事，我們所有人都不會只留下好的東西流傳下去。

我祖父在世的年代，他們不像我們現在有這麼多資訊，能幫助人們了解什麼才是對小孩有益的事。未來 30年我們還會學到更多，而那時或許我們又會發現，現在我們所做的事壞處多於好處也不一定。但是我們所有人都是基於目前所擁有的知識來行動，而且基於我們認為這樣最好而做。

從後見之明來說，我可以看出那些但願自己先前能做得更好的事。舉例來說，在很多情況下，我在自己的孩子面前，態度都很沒有建設性，或者說是態度很差。用到「但願」這樣的詞彙，能幫助我們表達對於過去的事已經無法改變的那種無能為力的感受。而光是辨識出你的無能為力的本身就是一種釋放，對於感到無力的那一方，或者

察覺對方無能為力的那一方都是。

　　或許你的親人也有些但願他們能做到或知道的事，他們各自或許都有或是曾經面對掙扎，他們都在想辦法運用自己能掌控的手段與機會生存下來。

　　如果你讓他們寫信給你，也就是給了他們機會彌補他們做過釀成傷害的事，也彌補因為他們沒能及時傳遞某些訊息，而讓後世內心懷有的某種缺憾。

當信寫得不順利

　　當我決定要寫外公給我的信的時候，我卡住了，完全沒有靈感。我知道他很重要，我也不想這麼輕易放棄，因此我決定先寫信給他。我試著全然誠實表達，不做任何自我審查。

我的信是這樣寫的：

....

親愛的外公：

寫信給你很困難，你很重要，我也遠遠的崇敬著你，但是我不記得你看著我或對我說話過，你比較熱中跟表親和我的姐妹交流，她們都比我會說話，我從來都不知道你心中對我有什麼樣的想法。

媽媽說，你覺得我對爸媽離婚這件事太難過。還有我打電話給你，告訴你我獲頒永久牧師職位時，你非常訝異。你沒想到有人會僱用我。

不過我卻是最追隨你腳步的人，我跟你一樣教學、寫書，我也像你那樣投身社區事務，我做出許多新的創舉，正如你一樣。

謝謝你一直保持精神奕奕，常騎著你的三輪車四處遛達，安享天年直到 99 歲。這給了我一個希望，

我也可以像你這樣。我希望你現在安好的處在美好的
境界中。

愛你的外孫女 伊麗絲

能這樣跟他說話，我感覺很好，接著我隨即就有了回
信的靈感。

親愛的伊麗絲：

我很抱歉沒有花時間來了解妳。我如果沒有辦法
跟一個孩子對上話，就會無法關照到他們。妳青少年
時期變得有點憂傷又膽怯，妳總是靜靜的坐在那裡看
著其他人，我不太喜歡那樣的情況。

我很驚訝妳選擇念神學，而且涉足教會生活，那

也是我自己長年在做的事。還記不記得我送給過妳一套《從文化歷史角度看聖經》的作品，我真的很熱愛跟妳談論我所喜歡的那些牧師，我希望妳也會想要成為那樣的人。不過妳有些過於退縮內斂的部分讓我有點擔心。

現在我知道了，妳是用「妳的」方式把事情做好，妳用了跟我不同的方式展現自己的才華，而我也必須承認結果相當好。如今我很樂意見到妳會怎麼奮鬥與成長，又會如何幫助他人。

致上我最深的關愛與祝福！

愛妳的外公 克里斯蒂安‧烏爾里克

掌握機會把話說出來

我在寫這兩封信的時候，有種跟外公終於把事情說開了的強烈感受。未來若跟他在天堂相會，我將能毫無保留的敞開自己，那些窒礙保留都隨著書信交流消散掉了。即使你不會再見到那些已故的親人，那些無法說出的梗塞已經消逝掉，那在你心靈上也發揮了平衡的作用。當你又想到這位親人時，心裡不會再那麼不舒服，不再那麼打擾你的內在平靜。

在現實生活中，並不是那麼容易可以把事情完整的溝通清楚，前提必須是雙方都敢於承認自己的錯誤，也必須兩者都有辦法照顧到自己與對方的憂傷與憤怒。如果我們無法忍受傾聽彼此的感受，一方所說的事，很容易就被解讀為在傷害另一方，溝通最終很容易變成是攻擊，或者其中一方被逼得落荒而逃。

當你使用祖先療法的工具，你只需要照顧自己的情

緒。在這樣的書信之中，你可以暢所欲言，也可以獲得任何你想要的答案。

跟你不相像的人的來信

我有想過要跳過我的祖母。我本來覺得自己恐怕無法從她給我的信中獲得什麼，因為我覺得我倆沒有任何相似之處。她渾身充滿活力，非常主動積極，而且很聒噪。但我還是姑且試試看：

....

親愛的伊麗絲：

我不想為自己或我的任何事感到羞恥。我想要跟活力高昂、能逗我笑的人在一起。妳的姐妹就是這樣的人。她跟我很像，我們很合得來。妳比較小心翼翼

又拘謹，跟我不對盤。

　　現在就我看來，毫無疑問，我感到非常驕傲自己是妳的祖母。妳大出我意料之外，想想看那個小伊麗絲所寫的書竟然在全世界廣為流傳，如果有人告訴過我，有個外孫女會有這樣的成就，當時我一定會認為那人必定是妳的姐妹。我一定怎麼樣都猜不到，竟然是妳。

　　然而，顯然妳身上具有我所忽略的特質，現在我熱烈歡迎這種驚喜，我會帶著驕傲，持續的關注妳的發展。

　　　　　　　　　　愛妳的祖母 艾格妮絲

　　我對祖母的信所產生的反應讓我自己驚訝。相當簡單，因為它對我的影響比我想像的更深層。得知她現在對

我的看法很正面，讓我感到很欣慰。她為我感到驕傲，也讓我很開心。一掃先前被忽略的鬱悶感受，現在我滿心感激，因為她終於看見我、祝福我。

雖然說剛開始我並不想要寫信給祖父母，我很高興我寫了。他們都是很活躍的人，而我寫信給他們的時候，發現那種活躍也感染到我。或許我其實也有那樣的基因隱藏在某處吧。

如果記憶不美好怎麼辦？

如果你對於某位祖父母完全沒有一點好的印象，如果是大家都說她不好，這時你可能會覺得，她寫信給你應該無法為你帶來任何好處。不過即使你只感受到負面情緒，這書信的效益仍然會讓你意外。畢竟你所寫的信也可以只是一連串的句子，全部都以「我很抱歉……」開始。

以下這些祖父母的抱歉，或許能給你一些靈感：

● 我希望你知道我很後悔自己不太關心孫子們，包含
　你，我也不知道該怎麼解釋，不過對我來說，小孩
　子就是那樣，我當時沒有心思跟你說話。請原諒
　我。──祖父

● 我知道妳不喜歡議論妳的母親，但願我當時能克制住
　自己的好奇心。妳跟我說妳母親從不出門而妳非常
　擔心，不過我當時沒有關注到妳，反而像母雞一樣對
　妳窮追著自己想問的問題。小珍，我應該直接問我兒
　子，也就是妳父親，而不要把妳捲進來。我希望妳能
　原諒我。──祖母

● 跟你比起來，你弟弟比較柔弱，而我比較容易去關愛
　他，事後我感到這樣做很不對，我的這種差別對待，
　怎麼說都是不恰當的。──祖母

即使你沒有期待任何好的結果，我都建議你試試看祖先療法的工具，把它用在你四位祖父母身上。你跟他們的關係越是薄弱或是鬆脫，就越有理由去導正。很可能會出現你始料未及的發展。

以下是一些祖父母給出的支持與認可的案例：

- 謝謝你來看我，雖然我們並不親近。——祖父
- 妳一直都是個非常周到又貼心的人，妳從小就是這樣了。——祖母
- 麗娜，我要妳知道我非常愛妳。妳是我們家的一道陽光，妳讓我心情開朗，那真的很棒。——祖父

上述的例子中，麗娜並不認得她的祖父，她才一歲祖父就過世了，她並不記得他，不過有聽別人稍微談起過他。麗娜的回憶如下：

「事實上，我本來以為祖父寫給我的信會很短，不過當我開始寫的時候，越來越多內容湧現出來，所以我真的感到比我先前所想的還要有收穫。這讓我很驚異，也讓我很確信，書寫真的能發揮相當奇特的作用——相對於你只是在腦中思索一些事來說。」

麗娜也發現，在寫過信之後，她從此變得更關心她的祖父了。

感受你與祖先的連結

我的祖父母還在世的時候，我跟他們沒有太多情感的連結。彷彿是因為我不知道他們究竟是否喜歡我，這種懷疑讓我對他們的父母也失去興趣，使我不想跟親族連結。我以前並沒有把這視為缺點，但是當我寫出他們四位給我

的信，我感受到一種深度的連結——甚至讓我跟身後親族中其他親戚也聯繫起來。

從青少年時期開始，我就迫切的想要擁有歸屬感。我人生中也有好幾次處於不適合我的關係之中過久，因為我捨不得放下這種與人連結的感受。有時我會有種令自己很焦慮的想法，如果我斷絕了這個關係，我就會跟所有事物、所有人全然失去聯繫，然後我會整個人飄散在虛無之中而消失殆盡。

在進行過祖先療法之後，我發現我隸屬於這些活著或者已故的親族之中，因此當我失去某段關係或者某種歸屬感時，我能感覺自己更具承受性。**我在基因與我相似的這個人群脈絡之中，找到了自己的根基，找到了定錨點。**

◆ 你的祖父母對你的影響,比你向來以為的更大。

◆ 如果他們沒有及時盡其所能給予你,或者無法給你太多,你可以幫他們做到。

◆ 當你接到他們的來信,你的情緒反應可能令自己非常意外,即使信件是你自己所寫的。

◆ 當你想要表達無能為力,「但願」是很好的詞彙。

◆ 如果你發現寫信給自己很困難,先從寫一封反方向的信可能會有幫助。也就是你先寫給你的親戚一封信。

◆ 在真實生活中,並不是所有事都很容易溝通清楚。但運用祖先療法,很有機會出現全新的發展。

◆ 如果你澈底運用這項工具,可能會發現你更穩妥的定錨在你的親族中,而因為這樣你將會體驗到,祖先所給你的強大支持力量。

Say Hello To Your Ancestry And
Get The Courage To Be Who You Are

Say Hello To Your Ancestry And
Get The Courage To Be Who You Are

第 2 章

與父母的
信件往來

我把寫給母親的信大聲念出來，即使悲傷，
我仍體驗到自己在內心深處某個角落找到了平安。

如果你的父母還在世，你還有機會向他們表達內心的想法，以及尋求他們的認可。不過並非每個人跟父母的關係都夠安穩，能讓他們毫無保留誠實又直接的表達。這時祖先療法就提供了另一個順暢溝通的管道。當然，這方法也適用於父母已故的情況。

在本章之中，你將看見許多透過這種方式與父母書信往來的案例。

寫信給母親讓我獲得平靜

在本書的前言中，你讀到過我所寫的母親給我的信。在信中她對於自己沒能正視我，沒能感謝我為她做的那些事而感到抱歉。事後我花了一點時間讓自己平靜下來之後，才有辦法撰寫一封全新、充滿感情的信給她。如前文所述，我曾經寫過幾封她沒讀過的充滿憤怒的信，那些或

許都讓我做好準備，能夠寫出發自內心及憂傷源頭所寫這封信。

我試著全然坦承表達，完全沒有自我審查。

....

親愛的媽媽：

我不知道自己想不想念妳。大抵來說，我因為如今終於不用再因彼此不協調的關係受苦而感到鬆一口氣。但願我之前能處理得更好。

與妳面對面時，我從來都沒有感覺好過，妳從來都沒有正視過我，妳看待我時總是期待我某些地方應該要改變，妳面對我總是面帶保留，我多麼希望妳見到我時，眼中是雀躍的。

妳也不喜歡我看著妳的樣子。媽媽，我眼中看到的是一個被忽略的孩子、一個脆弱而破碎的人，這個人無法承擔自己的感受，因此全都發洩出來。我看見

了妳的孤獨。

我不知道自己是否曾經愛過妳。小時候我很崇拜妳，妳很隨和、聰明又很優雅。妳跟鄰居其他太太們比起來就像明星一樣，我很驕傲自己是妳的小孩。

不過至少當我順利的時候妳是很開心的，這是件好事。我也會很樂意告訴妳當天我做到了什麼事，然後感受妳的欣喜。而妳會因為我的表現以及自己態度也感到滿心歡喜。妳喜歡對人吹捧我的成就，而我也喜歡妳因此而如此開心。

感謝妳鞭策我好好念書。

天哪！我一定會想幫助妳的。我會樂於聆聽妳的痛苦，摸摸妳的頭髮安慰妳。我一定會想在妳臨終前躺臥在妳身邊，把妳環抱在我懷裡。只是妳從來都不喜歡我碰觸妳。

可能只是因為我們太不相像了，雖然我們外貌相似，但我們內心追求的卻大不相同。我想要探究事

實，深入核心尋找真理，妳想要的是活得開心。其實我應該向妳學學才對的。妳不想思考任何會破壞心情的事情，與其深入其中妳情願轉移焦點。

妳曾經說過，妳很遺憾在我青少年時期妳沒有為我做任何事，只是成天躺在床上無所事事。不過妳又能夠做什麼呢？妳無法給我我所想要的親密，因為沒有人教過妳如何維持親密。而且當時我們不像現在的人有這麼多機會獲得外部協助，我想當時妳已經竭盡所能了。

親愛的媽媽，我們已經再也無法相見，這真是太遺憾了。我們之間真正有過的接觸，竟是如此淺薄而寥少。

我期待在天堂與妳重逢，放下恐懼與自我保護的盾牌，純然以彼此最真實的本質相會。到那個時候，親愛的媽媽，我希望妳已在光明而歡欣的地方，以妳最好的狀態存在著。

獻上愛！

伊麗絲

....

　　我帶著信去見我的心理治療師，大聲念出來，並且抒發我的悲傷。即使悲傷，我仍體驗到自己在內心深處某個角落找到了平安。

　　以下是另一個獲得內心平安的案例。

莎拉療癒了與父親的關係

　　莎拉跟父親的關係很糾結。這位父親對於要表達正向的情感會很感到不自在、很彆扭，他從沒有這樣做過——至少沒有這樣對待過莎拉。當她又發現自己被他忽視的時

候，她都會很不快樂。有一次，她從父親的臉書發文看見全家團聚幫他慶生──但她並不在場。也發生過她問了父親，耶誕節的時候可否去看他，卻沒有得到回應。她一生都在懷疑，自己對他來說究竟有沒有一點什麼特殊的重要性存在。

在我們諮商會晤前，她已經寫過許多充滿憤怒致父親的信。有時她也刻意避開他，因為在他身邊，她經常無法承受自己受傷的感覺。

我建議她反其道而行，也就是寫一封父親寫給她的信。一封會讓她非常開心，想到他會感到釋放的信。後來莎拉說她很快就寫好這封信了。事實上，她在內心深處的某個角落，似乎老早就知道這封信會是什麼樣子的內容了。而隨後自己在讀這封信時，深深受到感動。

這封信是這樣寫的：

親愛的莎拉：

　　我知道妳向來都是最愛我的孩子，即使我對妳並不好，妳依然如此，並未停止愛我。而且我知道妳現在仍然深愛我，只要我向妳稍微示意，妳就會不顧一切趕來我身邊。

　　我們不常見面，這一點也不要緊，我的內心可以感受到妳掛念著我。我很高興妳跟我很相像，妳的聰明才智、妳的敏感、妳個人的活力以及妳的耐力都是。所以妳在挑選合作對象上盡可以挑剔一點，如果有人虧待妳，我不會放過他們的。妳值得最好的，我親愛的孩子。

　　我們兩人永遠都不會分離，我如果死了之後，會在天堂關照著妳，妳過得好我也會為妳欣喜；妳若是掙扎受苦時，我也會深深為之感同身受。

獻上最誠摯的愛與祝福，永誌不渝！

　　　　　　　　　　　　　妳的父親

....

　　在我與莎拉後來的晤談中，她告訴我，在前一次會面
後的幾天開始，她感覺到深深的喜悅，而且她知道憤怒的
時期已經過去了，取而代之的是，她想要從內心充滿愛的
角落寫信給父親。當她真的這麼做了之後，有一股強烈的
正向情感湧現，這感覺對她來說如此陌生，讓她有點不知
所措。她的信是這樣寫的：

....

親愛的爸爸：

　　謝謝你允許我愛你。我們之間存在著某種美好的
事物，我想有時候你跟我共處時，也會感到猶如在天

堂一樣自在美好。

我對你的愛，是一個孩子全心愛著某個人那種純粹的愛。我現在還是這樣愛著你，而我會允許自己充分感受對你的這份情感。我察覺到胸口有股溫熱，那並不是來自我也不是來自你，而是每當我們在一起或我想起你的時候，就會自然湧現出來。

爸爸，我明白你的痛苦與敏感，有些事情你不想去了解，我也知道你有你的自我要求，你知道怎樣做到那位有智慧的音樂家彼得·巴斯蒂安所說的「做個成年人」，你獨自背負著自己的情感故事，不願勞煩到別人，謝謝你把那內疚留給自己，不讓孩子們承擔重量。

謝謝你在我小的時候守護我，謝謝你在瑪莉面前站在我這邊為我說話，即使那讓你付出很大的代價。

我有好多事情，想要跟你一起做——只有我們兩人一起。但是我不想這樣要求，因為那會影響索妮

雅，為你帶來麻煩，所以不用掛心你得給予我們單獨相處的時間。我也會難以承受你的拒絕，因為那又會讓我想起，小時候我總是請求你單獨陪我一會兒，而那總是讓你心煩又生氣。

不過或許有一天我有幸可以見到單獨在家的你，那麼我一定會想要坐在你身旁，我們坐在窗邊一起看著你餵食器旁的鳥兒。我們什麼話都不說，就只是靜靜的坐在那裡，只有你跟我，兩人同樣的動作，望著同一個方向，一起聆聽鳥鳴。不過也許你會無法放鬆，因為你很怕我會開始談到自己的感受，甚至你可能也會想要請索妮雅坐在你旁邊，避免我去找你的時候，必須跟我獨處。

幸好，我們通電話時都能好好交談，這樣即使在你過世之前我們都沒有機會坐在一起觀賞鳥，我也覺得無妨了。

你說希望自己是突然間猝死，過程全無痛苦，我

也希望到時事情真能如你所願。不過我也希望自己有機會跟你道別，坐在你的病床旁，握著你的手送你離開。我希望你在天堂能與祖父與祖母重逢。

愛你的女兒 莎拉

到了下次會面的時候，莎拉一開始把信放在包包裡，很猶豫不想拿出來讀，不過她最後還是做了。當她在讀信的時候，好幾次情緒衝擊過大，必須停下來喘口氣。整個房間充滿了愛與暖流。事後她坐在哪裡，雙手在空中不安的揮來揮去，她不知道該如何跟這樣強烈的情緒共處。我一次又一次向她保證，她的這些情緒都無比美好，真心又自然。這些情緒並不危險，是可以與我們同在的，最後她終於慢慢平靜下來。幾個星期之後，她告訴我，之前她曾經為某種恐懼的情緒所苦，常深陷其中（那種情緒常會變

得十分強烈，幾乎把她擊垮），而那樣的恐怖感受現在都消失了。

雖然她的父親對書信的事一無所知，不過他可能察覺到他們之間的關係有微妙的轉變。因為一個星期之後，他們在家族慶生會上見面，父親竟然跑來坐在莎拉的身邊，並且做了對他說來說十分罕見的事。他在桌子底下拉住她的手，就這樣一直溫暖的握著。沒有人看見他們的動作。她不知道他們究竟這樣並肩坐著多久，彷彿時間都靜止了。她想要加入周遭人的對話，不過她只注意到自己的心，感覺到那裡有一股喜悅的暖流。「如果我先前沒有運用書信練習接納自己的情緒感受，那時我可能會逃走或是感到很尷尬，不過當時我只是坐在那裡享受那股暖流，那感覺好療癒，而且那也喚醒我小時候跟父親在一起的記憶，而想到的都是最快樂的那些時光。」

經歷了這些過程，莎拉因她父親所產生的憤怒與痛苦全都消散了。現在她滿心感激，因為她從他身上學會了

愛與幸福。這些在她內心存在著的體驗會持續帶給她喜
悅——即使有一天父親過世也不會停止

　　莎拉釋放自己的經歷，只是我目睹過眾多案例之一。
以下我們再看看幾個例子。

麗娜獲得了父親的忠告

　　麗娜在撰寫父親給她的信時，感覺自己突然知曉他會
給出什麼建議，即使寫這封信的人是她自己。那感覺就像
是她聽得見父親的聲音說著：

　　「麗娜，接納生命留下的刻痕。妳所走過的生命，給
了妳許多經驗與傷疤，但是妳仍然活得好好的，所以繼續
做出妳認為對的選擇吧。」

或是說道：

「麗娜，請牢記，妳不需要為妳母親的幸福負責。」

這兩個就是麗娜想要好好省思與考慮的建議，它們很有可能會為她的生活帶來全新的發展。

感受到「小珍」被愛，喚醒了珍妮

珍妮跟母親已經 7 年沒見了。她的母親患了心理疾病，並且拒她於千里之外。不過母親還是經常盤踞著珍妮的心，讓她煩憂。珍妮很憤怒，但沒有人把她的心聲聽進去，甚至連結褵 45 年的先生也一樣。她的朋友也勸她想辦法忘掉自己糟糕的原生家庭，不如多去關注其他美好的事物。

在母親寫給她的信中，母親對於自己讓珍妮失望，訴說出無數的抱歉，以下摘錄一些母親的書信片段：

「妳第一天上學的時候，我應該要陪妳去的。當然還有當妳因為闌尾炎而獨自去住院的時候，我也應該握住妳的手在身邊陪著妳。」

「妳看穿了我，所以我因而懲罰妳。我其實應該要跟妳求助才對的！」

「妳 17 歲就離家去哥本哈根。但願我當時跟妳一起坐車送妳前去，我們在火車上跟妳爸爸道別，一路上我給妳很多親吻、很多祝福。我很抱歉事實卻是我帶著怒氣留在家裡，只在門口道別，還跟妳說：『後悔的話，可別回家！』」

「當妳回家參加父親的喪禮時極度震驚，因為我一直賴在床上。獻給我深愛的這個男人的花束與玫瑰還在浴室裡。爸爸應該安置在鍍鋅棺材的，因為他在水裡 6 個星期，我卻負擔不起，所以我才取消喪禮，我應該要請求別人幫忙的。」

你所閱讀到的這些珍妮的信當中，除了上述道歉的段落，其中也有某個小部分寫到感謝珍妮為她母親所做的所有事情。例如：珍妮透過幫母親設置個人廣告找到了新丈夫，她生了兩個甜美的女兒也為母親帶來許多喜悅，總的來說，珍妮多年來，為母親提供了無數的協助。

珍妮後來讀信給她丈夫聽的時候，兩人都哭了。珍妮很震驚，信中浮現了這麼多先前的失望，以及嚴重的意外經驗，她突然看見小珍必須獨自承受多麼大的負擔，她的母親根本無法傾聽並承接她的這些情緒。她的母親本身就很脆弱，連自己的責任都無力承擔。**在書信中，當母親終**

於為自己的失職負起責任，珍妮注意到自己從孩提時候就背負著的沉重情緒，瞬間大大減輕了。

　　書寫了這些信件之後，珍妮斷然下定決心，不再去見她的母親了。相對的，她開始關注在自己心中的那個小孩，那個曾經想盡辦法獨自隻手撐天的孩子。

本章重點

◆ 接收父母的關愛之信能夠開啟美好情緒的寶庫，即使這些信是由你自己撰寫的。

◆ 你也有可能從父母給你的信中，獲得忠告。

◆ 當父母負起讓孩子失望的責任，孩子就能夠感受到身上所背負的責任與內疚，原來其實是別人的。

Say Hello To Your Ancestry And
Get The Courage To Be Who You Are

Say Hello To Your Ancestry And
Get The Courage To Be Who You Are

Say Hello To Your Ancestry And
Get The Courage To Be Who You Are

第 3 章

做好
書寫準備

書信採用手寫形式是最好的，這樣速度會放慢，
這對於你想要潛入更深層的內在世界，是很有幫助的。

你或許已經開始構思如何撰寫你的書信。關於書寫的情境與如何開始，你會在這一章中獲得實用的建議。無論是寫給親人或是寫親人給你的信，這些建議都適用。

一次選定一位親人

如前所述，從跟你關係較為友好的親人著手，或許是比較好的做法，這樣一來，初次嘗試祖先療法的你，才不會不堪情緒的衝擊。

最好是一次聚焦一位親人，每一位之間相隔一段時間。你或許會需要半天或者好幾天，讓一封信妥善完成，接著再發想另一封信。如果你選擇短時間匆促寫信給好幾位親人，那麼信件可能就會寫得過於表面。

一旦選好要從哪一位開始，可以讓對方停留在你的意識中幾天。有些人發現當他們醞釀一陣子，事情會突然自

行有了進展，字句開始在腦中浮現，一封信自動到來，而你只需要花時間快速把信寫出來。

該先寫給對方的信還是寫來信？

多數人的經驗是在收到「來信」時最能獲得釋放，因此我建議如果可以的話，先從來信寫起。先享受親人為你帶來些許美好感受。

在某些案例中，來信已經提供充分深度的釋放，也就沒有需要再寫其他的信了。

從來信寫起的另一個好處在於，親人關愛的信能讓你敞開內心，讓你感受到深藏在盾牌下的脆弱，或許也能感受到一些正向的情緒。如果你也想要寫信給對方，在那之後你或許就能夠從內心深處發言，這就是在麗娜的故事中發生的事，你可以從以下讀出這種效果。

麗娜這樣說：

「當我寫好一封過世的父親給我的信，我感到自己對他產生一股前所未有的失望與憤怒，我也感受到愛。我覺得很奇特，自己寫出來的文字竟然可以這麼生動、這麼真實，讓我肩上的重壓鬆開，也讓我能跟父親產生共鳴。此外，我也對於他還在世時彼此沒能表達出愛感到悲傷。」

如果寫封來信有困難，或者先寫給對方你會感到比較自然，你當然也可以這樣做。也許你有些負面的情緒需要先宣洩出來，才有空間能接收親人的一些美好心意。

從一方寫信不順利，就換另一頭寫過來，一旦你開始寫了，可以進行好幾次。你可以選擇從寫信給親人開始，接著寫對方的來信。在那之後，你也可以再重新寫一封信給對方，這封信或許會比第一封來得更平和。

信件不一定按照順序一來一往。也許你認為一封信寫

完之後，另一封信必須回覆此信，也或許你寫了一封後又想再寫一封不一樣內容的信，都是可以的。只要你決定好從哪一個角色開始寫，過程就可以開始了。

打造舒適的環境

確認自己有段不受打擾的安靜時光，能獨處是最好的，這樣如果你想哭泣時就能盡情釋放。選擇能讓你思慮拓展的地方，例如：坐在可以看到美麗景觀的地方、在茂盛的大樹下、在火爐前或者點盞蠟燭。

如果你手寫真的有困難，那就用電腦打字。不過我比較建議用手寫形式。因為這樣你在寫信時，速度會放慢，這對於你想要潛入更深層的內在世界是很有幫助的。此外，手寫也讓你有辦法離開手機、電腦，這樣也就能幫助你遠離干擾。手寫的另一個好處是，當你在寫的時候，你

是看著白紙，或者看向窗外，而不是看著螢幕。

準備好深入了解自己

在你開始動筆之前，花幾分鐘調整心情會幫助你進行更順利。也許可以聽些音樂，安穩坐好感受椅子承載著你。讓你的注意力從腳一路到手游走，也讓注意力像太陽一樣照耀你的臉龐。朝不同方向動動臉部做些鬼臉，鬆開下顎。把肺裡空氣全部呼出，再做幾次深呼吸。這樣做了之後，你就可以準備開始了。

在接下來的兩章，你會學到如何寫信以及書寫來信。

◆ 嘗試祖先療法這項工具時，首先可以從你對他比較沒
  那麼多強烈情緒的親人開始著手。

◆ 寫信前，可以先讓親人在你的意識裡停留幾個小時，
  或是幾天。

◆ 先寫對方的來信是比較好的，不過在某些情況下，可
  能你先寫給對方的信更為理想。

◆ 為自己打造美好的書寫環境。

◆ 開始寫信前，先花些時間建立你與身體，以及與自己
  的連結。

Say Hello To Your Ancestry And
Get The Courage To Be Who You Are

Say Hello To Your Ancestry And
Get The Courage To Be Who You Are

第 4 章

如何撰寫親人
的來信

撰寫親人來信的時候,想像對方是發自完好、
未因自己的創痛而有損傷的狀態下跟你說話。

這一章會說明如何撰寫親人給你的信，以及如果受傷的感受阻礙著你時，又該怎麼辦？

你可能寫信給別人過，不過就像前文所述，寫一封別人給你的信，感覺很做作或是很虛假，你可能覺得難以進行。不過一旦開始你也許會很驚訝發現其實竟是如此簡單——就像以下麗娜所說的一樣：

「當我被要求寫一封我過世的父親寫給我的信時，我第一個念頭是，這未免太奇怪了。對此我心中很存疑，而且沒抱持什麼期待。不過我就想：『好吧！——那就看看這可以弄出什麼名堂來。』

「一旦我坐在白紙前，事情進行得比我預期的順利。而且過程中有好幾次，我都在想：『嘿，這是從哪裡冒出來的？』」

當你試著做看看，你可能也會有類似的經驗。

如何想像來信的對象

當你撰寫某位親人的來信時，請想像她正以關愛的眼神看著你。對某些人來說，這很容易做到，有些人則會需要一點努力。如果你屬於後者，有可能是因為你並不常見到她那種關愛的眼神。或許她已經跟自身的本質失去連結了。她在人生中不知何時已經因為恐懼而凍結了自己（在可能連她自己都不記得的情況下），因此她無法走出藩籬，真誠、富有感情的面對你。也許她過去的創傷，讓她躲在一層又一層自我保護的遮罩後面，因此她甚至無法了解真實的自己，也無法去了解真實的你。

當你撰寫親人來信的時候，想辦法略過對方的這些難解的部分。如果她很頑固或者僵化，多半是出於恐懼，所以請想像她是發自完好的內心深處、未因自己的創傷而有損傷的狀態下跟你說話。

對某些人來說，想像這位親人已經過世或許會有幫

助。有些人則想像對方臨終或者半夜突然醒來處於短暫純然清明的狀態。

　　千萬不要因共感而陷入你這位親人的創傷與苦痛之中太深，這個練習最首要的目的是感受你自己的渴望。想像她處於內心明朗又清晰的狀態，如同半夜醒來清明而跟平常不同的她。

書信的實際內容

　　校準自己寫些你讀了會感到欣慰的內容。想到什麼就寫下來。如果你需要些靈感，以下這些問題，或許可以幫助到你。

　　如果對方有提到以下內容或許能提振你：

● 欣賞你的某部分，哪部分？

- 為了自己說過或做過的事向你道歉，如果是的話，是哪件事？

- 她知道你一直都很愛她。

- 她但願自己能做得更好。若有的話，是什麼事？

- 她希望跟你一起做某件事。若有的話，那會是什麼樣的事？

- 你對她來說很重要。

- 她知道自己某項行為傷害了你。

- 她對某些事感到很後悔。

- 她說她很愛你。

- 她很感謝你為她做的事（哪些事？）或者感謝你是這樣的人。

- 為你或你所做的事感到驕傲。

- 建議你們可以做些什麼讓關係更親近。

- 肯定你某些事做得很好。

- 對於你跟她不同或你們意見不同表達欣賞。

- 祝福你一切都好。
- 對你目前面臨的困境提出忠告。

受傷的感受可能會造成阻礙

如果你對於要撰寫來信的對象，充滿負面想法與受傷的感覺，書信可能無法發揮那種釋放的作用。

也許這位親人不太懂得傾聽你的心聲，或者她也許深陷於極端低自尊的坑洞中無法自拔，因此與愛自己的能力斷線，也無力去愛你。如同蘇珊娜的例子，她經過多年努力，終於突破重圍向父親傳達了她想念他的訊息之後，他驚呼：「我不認為自己有任何值得別人想念之處！」

如果你對親人懷有負面的印象，想辦法軟化這個印象，讓她可以更人性化一點。讓她在你面前就像是一歲的幼兒那樣，正在摸索她的生命。顧念她所蒙受的艱苦，或

許她已經竭盡所能，運用她那個時代所具備的知識與機會做到最好了。

對童年痛苦的憤怒

如果你的童年過得十分痛苦，一點都不快樂，你可能會因而對父親或母親懷著憤怒。請謹記，你所蒙受的功能失調或父母失職情況，其根源其實可以追溯到你的祖先。那並非全是你父母的錯，恰恰相反的是，他們自身也承擔著他們祖先的包袱。

如前所述，把憤怒轉向整個親族，而不是父親或母親，能夠減輕你與父母或祖父母惡劣關係的重荷。這樣也能在內心一些清出必要的空間，讓你可以接收祖先的療癒力量。

有朝一日，當你足夠堅強，你會有勇氣深入憤怒，向

下探究更深一層的情緒：無能為力、無助、絕望、悲傷、痛苦——同時也有同情，對自己也對親人。當你做到這點，你不僅會療癒自己，也會療癒你的親族。而你所創造的和解與和平，將在後世代代相傳綿遠流長。

◆ 撰寫來信時，想像那位親人正用關愛的眼神看著你。

◆ 如果你詞窮了，請運用書中的問題清單激發靈感。

◆ 受傷的感覺可能造成阻礙，但也都有辦法軟化。

◆ 如果能把童年痛苦的憤怒轉向整個祖先親族，而不是
  針對某位近親，你將創造出機會，迎接全新的發展。

Say Hello To Your Ancestry And
Get The Courage To Be Who You Are

Say Hello To Your Ancestry And
Get The Courage To Be Who You Are

第 5 章

如何寫信
給祖先

留意你的親人引發了你哪些情緒，避免過多解釋，
你必須感受到負面情緒，然後才有辦法將它釋放。

也許你已經體驗過寫一封親人給你的信，也或許你是比較喜歡先寫給對方的那種類型。

上一章我說明過，你應該如何想像你書信往來的對象以她的本質狀態存在，在那種情況下她對事物有較深入的認識。當你寫信給親人的時候，有兩種選擇，一種是當作她在本質狀態，一種是你眼中的她或記憶中的她。端看你感覺哪一種比較自然，或是把對方想像承兼具兩者特質，全都是可行的。

你若未曾見過她，你仍然可以想像她的樣貌。當你在寫信的時候，運用你的心靈之眼看出對方的形象。

當你寫信給對方，你可以任由你受傷的感受全然自由流露，關閉所有自我審查的束縛，讓所有情緒釋放出來。

當你準備要進行時，你需要一個完善的環境，內心保持平和與平靜，並給自己充裕的時間。也可以考慮找出照片，做幾次深呼吸，找到內在的平安，如同第三章所說的那樣，想辦法與自己內在及身體連結。感受一下，看著這

張照片時，給了你什麼樣的情緒？

　　也許你需要在照片前坐定，花長長一段時間與之面對面，或者看了看之後先放下，接著再看一看，這樣來回幾次，直到調整到對的情緒才開始寫。

道別信

　　你可以選擇寫一封道別的信。在道別的情境下，兩人關係的意義會更加明白，許多感受通常也會變得更明顯。如果你想像這位親人已經死去，或者因為種種原因你不會再見到對方了，那麼你會察覺到一些全新的感受浮現，可能會升起你從未意識到過自己對她懷有的正向情感。以道別的形式還有個原因是，這樣你就不會害怕她對你的信做出什麼反應，她無法再對你造成壓力，或許因此能為你們騰出一些對話空間。當你想像自己正在寫最後的道別信，

你可能會發現一種安全感，也會體驗到能更自由的去探索自己比較深層的內在，並察覺到你即將失去什麼。

如果你的親人已經過世了，那麼寫道別信就是很合理的選擇。如果對方還活著，你可能可以考慮一下自己有沒有辦法去寫這樣的道別信，如果你還是覺得寫一般的信會比較自然，那麼就這樣做吧！

一封不會寄出的信，只是為自己而寫的信，讓一些在真實世界無法談論的感受，有被釋放出來的機會。就像這個例子：

媽媽：

　　妳從來都不了解我，我真希望妳不只是想知道我的經驗與做了些什麼，也想探索我是怎樣的人、我的感受，以及我內心深處想要什麼？

爸爸：

　　當你稱讚姊姊考得很好的時候，我都感到很難過。我可以看出你滿面驕傲，而那刺痛了我的心。

了解自己的感受

　　當你用心靈之眼看著你的親人，你可能會感覺到諸多不同的感受，你也可能不太容易釐清頭緒。

　　接下來，我會說明你要如何分辨各種不同的情緒。當你明確知道當下占據你內在舞臺的是哪種情緒的時候，你會比較知道你需要寫什麼或做什麼。

　　首先，你可以先學會分辨什麼是基本情緒（basic feelings），什麼是複合情緒（mixed feelings）。基本情緒是不分文化、國族的所有人以及高等動物都與生俱來的情緒，而其他情緒則是由某些基本情緒的組合出來的。哪

些情緒屬於基本情緒範疇,雖然眾說紛紜,不過所有心理學家一致認同的交集為以下四個:

- **憤怒**
- **喜悅**
- **恐懼∕焦慮**
- **悲傷∕哀傷**

　　其他情緒多半是融合了兩種或更多以上這些情緒。舉例來說,絕望就包含了悲傷、焦慮,或許還涵蓋憤怒,失望則包含了悲傷與憤怒,羨慕參雜了恐懼與憤怒,感覺興奮時會夾雜著喜悅與焦慮。

　　人的情緒感受也會產生不同強度,輕微的生氣,出自你感覺到自己不喜歡某項事物,逐漸增強可能會出現惱怒、憤怒與暴怒。悲傷,最輕微的可能讓你覺得有點疲憊無力,增強下去就會讓你感到強烈的不快樂。恐懼或焦慮

可能會顯出輕微不安，增強下去會心神不寧，最強甚至讓人產生頭暈或心悸症狀。喜悅，輕微的能讓人增添活力，若發展成歡快的程度則會讓人發笑，甚至整個身體都像洋溢暢快微笑。

如果你不確定哪些基本情緒混雜在你感受中，可以用你的想法做為指引，感受與想法通常是互有關聯，所以如果你比較容易察覺自己的想法，你也可以運用它來想辦法讓感受歸零。

憤怒時的典型想法：

太不公平了

我被騙了／我被打壓了

她應該要感到羞愧

她應該更顧慮到我才對（道德批判）

我應該早點發現這問題（對自己道德批判＝內在自我憤怒）

喜悅時的典型想法：

我好幸運

這太棒了

今天真是美好的一天

明天應該會更好

還好事情沒有惡化

感到焦慮時的典型想法：

事情結果會很不好

我無法承受

我應付不來

我做不到

這很危險

事情會出差錯

需要留意的是，你的感覺可能混雜了好幾種情緒，

你的想法也會反應出這一點。也許你 90％ 生氣，10％ 悲傷，或者相反。或者你有 10％ 開心，20％ 害怕。你對自己內心越了解，越能夠把感受表達出來。

　　如果你多數時候感到憤怒，可能是好幾個原因造成的。也許其中一個是你的親人用你不喜歡的方式對待你。生氣通常是個訊號，顯示對於某件正在進行或已經發生的事，你不想要參與其中。如果是這樣的話，你需要說出來或寫一封憤怒信，把你這種負面的情緒宣洩出來。

　　如果你之前隱忍這個憤怒，先把它表達出來就是最重要的事。你不需要直接對著那個人發洩，除非有某件事正在發生而你想要它立刻停止，否則讓怒氣流瀉在不會寄出的信上，會有諸多好處。

　　另一個可能的出口是，能看出憤怒通常都只是一種防衛機制。

憤怒通常是最表層

憤怒通常都掩蓋了其他更脆弱的情緒,如果你敢去感受它們,就會產生全新的發展。可以問問自己,你的憤怒是否在維護以下感覺:

悲傷?

無助感?

渴望?

脆弱而不安全的狀態,而你不知所措?

如果你有辦法接觸到憤怒底下的感受,你就能以一種新的方式來對待你想改善關係的那個人。憤怒會造成疏離,而哀傷卻能敞開心胸。

與其說「爸爸,我很生氣你都不了解我。」你可以試試表述到憤怒底下的脆弱,例如:

「爸爸,我真的好希望你能重視我。」

「爸爸，無法跟你建立好關係，我感到好無助。」

「爸爸，我無法感受到你的愛，我覺得好傷心。」

「爸爸，我真的好想親近你，不過卻感覺到你拒我於千里之外，我好無能為力。」

「爸爸，我感覺你一點都不了解我，這真的讓我很不快樂。」

「爸爸，我好想你。」

如果你能接觸到憤怒之下柔軟的感受，就可以用開放的心胸來面對你正在處理關係的這個對象，而這很可能會開展出新的可能性。互動就像跳舞一樣，一方展開新的舞步，另一方也無法不隨之移動，如果你跟親人在更不設防的情境下相遇，他們也有可能會更有勇氣敞開自己、坦誠相對。

盡可能明確

當你開始寫信，明確具體是很重要的。舉例來說，不要說「我一直都……」，改說「在那種情況（比如送我禮物給我驚喜，或者當你忘記我的生日）時，我覺得……」寫出具體明確的事件或情境，能讓你從寫這封信的過程中收穫最多。

如果你發現不知道該寫什麼，或許能從以下這些相關問題中得到靈感：

- 你們之間最美好的是什麼？什麼讓你開心？
- 有哪些事可以感謝？
- 你們之間最讓人不舒服的是什麼？你最想逃開什麼？
- 你為你們之間的關係付出了什麼？（比如，「我猜當我……你是很開心的。」或者「當我……你就不那麼痛苦。」）

- 你想要付出更多什麼？

- 有任何你感到後悔的事嗎？

- 你希望你們之間的關係是什麼樣子？

- 你希望能為對方做什麼？

- 你最想念你們之間的什麼事？

- 你有想要道歉的事嗎？

- 你想要給對方什麼？

不是所有問題都適用在每個關係中，不過「謝謝你」卻是同樣重要的。

表達感謝與祝福

提醒自己，你過去因親人的善意所獲得的美好的經驗，即使她所作所為替你或其他人帶來痛苦。即使你大多

時候是憤怒的，若可以想辦法找到能感謝對方的事，都會很有助益。

如果你想不到任何好事，你都盡可以感謝對方讓你學會某些事，比如從你們的相處之中，從她的缺席或從你們的衝突中——即使這學習過程帶給你莫大痛苦，你情願沒發生過。如果對方是你某位祖先，你永遠都可以感謝對方賦予了你生命。畢竟沒有他們就不會有你。

祝福對方也是非常重要的。

我希望你能得到⋯⋯我希望你成為⋯⋯

如果能敞開心胸感受正向的情緒與感激，你就邁向了寬恕之路，走上了從捆綁著你的過去釋放自己的路。你現在可能還無法做到，不過每次你從祖先獲得支持，你會發現自己已經變得更堅強、更靈活些。現在，只要盡力而為就好。

控制想要解釋的衝動

如果你所寫的並沒有帶給你太多情緒衝擊，有可能是因為你有過多的解釋了。你可能會急欲證明自己感受的正當性，這種想要解釋的衝動，說明了你不確定自己是否被允許感受自己的感受。

解釋並不會讓你感到釋放，相對的，你可以告訴你的親人你想要解釋的那些脆弱的感受，這樣做可能會出現全新的情境。所以請不要寫：「我感覺這樣是因為……」相對的，你可以寫：「現在，就在寫信給你的時候，我感到我不確定你是否覺得我這樣算是恰當的。」

情緒不是要分好與壞，情緒就是情緒而已。每個人都有許多不同情緒，這是很自然的，你也盡可以感受你所感受到的，沒有人需要解釋。

如果書信是為了釋放自己，你就必須說出你的感覺，不加解釋、不需合理化，也不需證明。

為了讓你聚焦在情緒，你可以用以下的句型造句：

- 每當……我很高興

- 我希望……

- 我只要想到……就很生氣

- 我很怕……

- 我不喜歡……

- 當……的時候我感到很傷心

- 我很生氣因為我覺得自己像是………

- 我想念……

- 我鬆了一口氣，當……

- 謝謝你，因為……

- 謝謝你讓我給你（幫你）……

- 我很抱歉……

- 但願你……

當你寫這些，你會體驗到沉浸在自己的感受深處，忘了自己身在何處、過了多久，讓淚盡情的流，那會發揮深度的釋放效果。

開頭問候與結尾祝福

或許你想用「親愛的……」、「你好……」當作信件開頭，或者是「我最深愛的……」，不管你用了什麼，如果你感覺不對勁，你也可以跳過開頭招呼，直接進入信件內容。

你可以用愛你或擁抱，或者單純只以署名作結都可以。你選擇怎麼處理結尾語，也是一種表達，表達了你對你們之間關係的真實感受。

◆ 用道別信的型態書寫，很有好處。

◆ 你的感覺可能是一種基本情緒，也可能是複合情緒。

◆ 你的想法可以幫助你確認你的情緒。

◆ 憤怒通常是表層，底下可能有更多脆弱的情緒，如果
　你能觸及它們，就能將之釋放掉。

◆ 說出感謝與祝福，你輕鬆放下彼此的糾結。

◆ 解釋通常會背離釋放情緒的目標。

◆ 你所書寫的開頭語與結尾祝福，也都表達了你對彼此
　關係的感受。

Say Hello To Your Ancestry And
Get The Courage To Be Who You Are

Say Hello To Your Ancestry And
Get The Courage To Be Who You Are

Say Hello To Your Ancestry And
Get The Courage To Be Who You Are

第 6 章

如何獲得
最大好處

你可以修潤信件，斟酌字句，
越是精準描述你的內心，療癒效果會越好。

寫信是重大且重要的工作，你若能同時做後續的事，效益會更好。這章將會說明如何用不同方式進行祖先療法，來獲取更大好處。

優化你的書信

　　把寫好的信先擱置一旁，沉澱幾天再去讀一遍。如果你重讀時覺得動容，而且覺得保持這個原始、真實的型態就很好了，那就不用再改動它。相對來說，如果你發現有些地方有點重複，你可以把它改短一點，或改寫得更清楚一點。你也可以修潤句子或試試新的說法，你或許也想要再斟酌遣辭用字，讓意思更精準，更能感到釋放或更觸及自己的內心深處。

　　思索一下信中的哪個部分最讓你感動，又是否需要再增添哪些部分做些補強。修潤書信的好處是，能讓它更順

暢、好朗讀，確保沒有任何段落會讓人讀起來枯燥，也不會讓你事後覺得沒有發揮什麼作用。

阿米爾寫了一封母親給他的信，幾天之後，他再讀一次時發現到，信中有段他母親冗長的防禦性說詞，那部分似乎滿足的是母親而不是他自己的需要。就像他孩提時候，他總是會配合她的意願而較少關注到自己的需求。他決定把母親的託辭都縮短，勻出更多空間寫些他希望聽到的部分：她為了自己還在世時他對她的付出表達謝意，她對他這個人的欣賞，以及她很肯定他為了自己努力爭取所想要的。

重讀書信的時候，你也可以考慮一下對於你所選擇的開頭招呼滿不滿意，對結尾祝福是否感到適切。你仍然有時間改寫得更精確、更真實，或者讓自己更感到釋放。

把信念出來的重要性

我建議你一開始先念給自己聽，當你聆聽自己所讀的信，你可以感覺得出來這封信是否是它應該要有的樣子。在那之後，念給其他人聽也是很好的做法。慎選對象十分重要，對方必須是讓你感覺到安心的人，這樣你在讀信的時候，會比較敢去感受自己內心深處的感覺。能跟對方面對面是最好的，無法見面的話，透過線上會面，或透過電話也是可行的。

你會很驚訝的發現，在跟他人共讀書信時，你能夠多麼強烈感受到自己的感覺，所以在這個體驗中不要讓自己有絲毫做假。你對這封信所反應的感受越深刻，這新的體驗越能被保存在你的靈魂深處，而這樣一來你的釋放也會越全面澈底。

如果你想不到該讀信給誰聽，你也可以到森林中讀給一棵樹聽，或者去預約一位專業的精神治療師或心理師。

如果你選擇後者的話，也就有人可以跟你討論你寫信的歷程，以及書信對你發揮的作用。

書信效益會隨時間逐漸顯露

如果你在處理的是某段關係，比如跟你母親的關係，後續你會逐漸發現關係真的已經有所轉變。你會隨著時間過去逐漸體悟到，它真的發揮了某些作用。你寫完信幾個小時之後，你或許就能感覺到有些事情不一樣了，兩天之後，這種體驗可能會越來越真切。幾個月，甚至幾年之後，你跟母親的關係可能會到達全新境界，那時或許你會想要寫一兩封新的信了。

有些人在進行過祖先療法後，在個人成長上發生了大躍進；有些人則向前跨了一步，變得更能感受到自己的內心狀態，也能更自在做自己。

該不該把信給別人看？

如果你寫了一封還在世親人的來信，你可以考慮把信給對方看，如果你夠有勇氣，你還可以要求他們把信念給你聽。

在一些案例中，把信給對方看，可以開啟前所未有的對話。透露你渴望聽到什麼，對你的親人來說可能是極為有用的訊息，對方可能從來都不知道，該怎麼做才能讓你感到快樂。

然而這做法也是有風險的，有可能對方拒絕參與，或者念信時情緒不吻合內容所述，你所獲得的效益也會消散。也有可能這位親人用批判角度看待這信件，認為自己才不會像信中那樣表達。這位親人可能也會感到壓力很大，因為被迫說出信中話語，或感覺這太私人了。

如果你寫了一封給親人的信，你也可以考慮給對方看。很多人會很想透過這個方式跟對方攤牌。然而首先，

你要仔細考慮，你覺得對方看到這封信會有什麼反應。她會敞開心胸嗎？還是會讓她更封閉內心？你也要考慮一下，你希望從給她看信之中獲得什麼？請務必斟酌一下是否真的可行。

在某些案例中，向對方公開信件可以開啟雙方全新層面開誠布公的溝通，並增強親密感與相互連結的美好體驗。而在某些案例中，坦誠的書信內容反而會讓對方升起防衛心。對方可能會用生氣來應對，或者對你感到退縮逃避，因為她無法承受自己的痛苦或內疚。

你寫信的動機如果是出於憤怒，當然有很大風險會造成彼此的藩籬。不過，即使你懷著愛書寫的信，可能還是會引發對方的不安全感，特別是如果對方從未學習如何表達正向情感，可能就會因而覺得對你有所虧欠，而她卻又給不起。

在考慮是否要分享書信內容時，以下的練習可能會打開你的視野。

以對方會寫信的方式寫一封信給她

這項練習適合用於你的親人還在世，而你希望改善你們之間的關係時。想像她如這章所談到的那樣，她必須寫一封你寫給她充滿感情的信，一封她能獲得釋放或者單純能讓她開心的信。你覺得她會寫些什麼內容？試看看自己能否寫那樣一封信給她。

在那之後，你可以看看信中有哪些是有賴於你而你也能接受，能讓對方開心的事。她可能會為此感動而全然放鬆下來，對你敞開心胸，使你們的關係進入更深入、更有感情的境界。

對新發展保持開放

我在第二章談到過莎拉的父親，他根本不知道莎拉寫

了什麼信，但卻突如其來握住了她的手，這是他從未做過的事。一次又一次，我一再聽到某人很認真的處理某個關係課題（比如運用本書的工具），結果另一方卻改變了行為。即使他們對於處理議題的努力，根本完全不知情。

這其實也沒有什麼神祕，因為**當你對於某段關係找到你自身內心的平靜，你會向對方釋放出某些非語言性的訊號**。舉例來說，可能只是說話語調或者是臉部表情上細微的變化，而對方接收到了，然後也用了些微不同以往的行動回應你。這很容易是在你們雙方都沒意識到的情況下產生了自然的連動。忽然你們之間出現了新的可能性，或許舊的行為模式自己就短路，不再繼續那樣運作了。

正當麗娜決定她未來要怎麼看待她與母親的關係時，母親也做了不一樣的回應。她向麗娜承認，自己大半的人生都太過關注自身的問題、工作與興趣，這坦誠的告白讓麗娜大為吃驚。

當麗娜從母親的坦誠中稍稍回神，一開始是打破了她

本來保有的內在平靜，後來她也開始重新考慮，跟母親的舊有對話模式，如今是否有了新的改變契機，她也開始考慮是否要更常去探望她母親。

讓更多親族進入你的內心舞臺

這本書有很多篇幅是關於你與父母及祖父母的關係，不過你可以自行邀請更多親人進入這項運作中。也許你見過的某位曾祖父母，或者你只是聽別人談起過他們。也可以是家族中的其他的親族，只要是你知道且感興趣的，全都可以。

舉例來說，蘇菲就寫了一封信給她的曾祖母，信是這樣寫的：

親愛的瑪莉：

　　我聽說妳生了 10 個孩子，而且妳最小的孩子還很年幼的時候，妳的丈夫就生病離世了。妳獨自繼續務農（孩子們也幫忙）。我想妳一定是個堅毅的女人，我想要告訴妳一件從來沒告訴過別人的事⋯⋯

　　在這封信中，蘇菲向這位曾祖母傾訴，她有點懷疑自己目前這段關係是否該繼續維持下去。這件事她從來不敢告訴任何人，不過她跟這位曾祖母瑪莉說開時，她不會感覺到那麼不安。

　　在你寫了信幾個月或幾年之後，你可能會發現又產生新的生命情境，促使你寫信給另一位親戚。如果你一開始就建立了跟親族聯繫的管道，比如運用書信，當你想要或有需要的時候，隨時都可以跟他們聯繫上。

跟親人保持連結

如果你跟過世的親人通信，你可能會樂於跟他們保持聯繫，持續告訴他們你生活的近況。

現年 47 歲的凱倫表示：

「我快 30 歲的時候，祖母就過世了，而隨著我年紀漸長，卻越常想起她。對著她的照片跟她說話，總是讓我感覺很好。特別是我滿頭煩惱的日子，或者對某些事感到遲疑時，我知道她能理解。

「當我把一切說出來交託給她，我總是潸然淚下，事後我都會感到無比舒坦與救贖。向她訴苦而不是找別人（比如朋友），好處在於我會比較敢誠實以告，反正也不會怎麼樣。而且事後我不用聽她也跟我訴苦，有時候我自身難保，真的沒有精力承受。」

凱倫在抽屜收藏了一張祖母的照片，她在自己有需要跟人分享喜悅，或者心情不好需要抒發或哭泣時，就會把它拿出來。

把祖先療法運用在別的人際關係上

很多人問過我，這方法可否沿用在兄弟姐妹上嗎？答案是可以的。

舉例來說，你可以用在繼父母、老師、伴侶或朋友關係上。有位個案便宣稱：「這真是個跟家人或其他人搞定事情的好方法！」

◆ 優化你的書信內容，讓它更強而有力。

◆ 如果你能把信念給某人聽，可能會增強你的感受。

◆ 書信帶給你的效益，會隨著時間逐漸浮現。

◆ 把信給對方看有時很美好，不過有時反而會為你們帶來隔閡。

◆ 你會發現，你的親人會改變他們的行為，即使他們根本不知道你寫了這些書信。

◆ 有些人從持續跟一位或多位親人通信中獲益良多。

◆ 祖先療法也可以沿用到其他人際關係上。

Say Hello To Your Ancestry And
Get The Courage To Be Who You Are

Say Hello To Your Ancestry And
Get The Courage To Be Who You Are

Say Hello To Your Ancestry And
Get The Courage To Be Who You Are

第 7 章

如果親人
讓你有負擔

父母或祖父母實在不應該造成兒孫沉重的心理負擔，
以至於他們沒有什麼美好可以傳承下去。

把祖先療法運用在還在世的親人身上，可能會比較有難度，特別是她在某種程度上是你的負擔。面對某些一直還在進行的會讓你難過或感到壓力的關係，要保持內心平和難度較高。也許每個人都能看出她對你造成了負擔，也或許只有你自己知道，跟她相處時你總是覺得不舒服，但也不知道為何會這樣。

考慮暫時拉開距離

　　在處理關係議題時，比如你要處理跟母親的關係，跟她接觸可能會很干擾。畢竟她的來信應該是要從她的本質出發，不受自我保護的屏障阻隔。如果她剛好在你進行書信練習的過程中打電話來，或者又強制要求你幫她做什麼，你會很難維持她本質的形象。

　　或許在即將進行這項工作時，你可以跟她事先說好暫

時保持點距離，幾天或幾個星期先不要聯絡。如果你覺得無法直截了當說的話，或許也可以考慮運用一些善意的謊言協助。

舉例來說，有位個案運用的說法是，她的治療師要求她花一段時間，利用閒暇時間在家進行一項禁語靜心活動，這項活動必須獨自沉浸其中、減少外界壓力。而母親若真有要事，可打電話給她男友。

看見親人的本質但不宜過度

我們的目標並不是要永遠都以本質的狀態來看待我們在世的親人，而不顧他們在你眼前現實生活的模樣。你可以在撰寫他們的來信時，把她視為以本質存在，而你會發現結果是，他們實際上會對你更有感情。如前所述，有時當一個人很專注的面對處理一段關係，另一方即使不知

情，行為也會跟著改變。

　　然而我們也同時必須務實一點。有可能你的書信並沒有發揮那樣的作用。也許是因為她並未與自己的本質連結，所以覺得你對她的了解並不正確。而且如果她對你不好，而你還是持續寫著她充滿感情的來信，而你可能太未設防沒有關照到自己，這樣也不太好。

你的親人有暴力傾向嗎？

　　如果你遭到親人暴力對待，與對方設立界線阻斷暴力行為是很重要的。我會建議，在你還未劃好界線，感到保有受尊重的空間之前，先不要撰寫對方來信。在這樣的案例中，已經不是關照柔軟與脆弱感受的問題，第一要務是先勇於設立界線。

　　如果你所遭受的是精神暴力也適用這種情況，如果你

不清楚怎樣算是精神暴力，可以參考以下情況：

● 疑神疑鬼

● 不當指控

● 人身攻擊

● 輕蔑的言論

● 惡意比較——比如與兄弟姐妹相比

● 不帶感情惡意責備

● 嫌惡的眼神

● 在說話時翻白眼

● 威脅

　　如果你的親人有暴力行為，最重要的是，你要清楚明確的阻止對方。你當然也可以寫信表達你的各種感受，並享有從中獲得的釋放。不過針對這種情況，向對方的行為說不，更是當務之急。

這是瑪雅寫給父親的內容：

親愛的爸爸：

　　我很開心收到你對於我的家與物品的種種忠告，不過為了尊重我這個人，以及我所選擇的生活方式，未來我不會再聽取更多好點子、批判或評論。

　　如果我有任何個人事務需要你的建議，我會自己去詢問你的。

　　我希望你能尊重這一點——否則你就必須有心理準備，我可能會掛你的電話或轉頭就走。

　　　　　　　　　　　　　　　　愛你的瑪雅

　　你是個成年人，你不需要忍受別人對你的責備，或是

負面批評。而且你越清楚表達不行，越持續堅守你的底線，越有可能終止那種暴力。

別讓親人成為你的負擔

　　如果在與某位親人共處時或相處之後，讓你感覺難受，但並非涉及暴力，你可以使用祖先療法來確認原因。透過寫一封對方的來信，可以檢視一下在這段關係中，你的願望與需求是什麼？而透過寫信給對方，你可以練習表達這個人所帶給你的感受。事後你或許會有勇氣直接告訴對方。

　　如果你沒有勇氣開啟這樣的對話，或者對話不如預期，又或是你實在不太確定你們之間怎麼了，最好的辦法是去尋求協助。如果可以的話，你們可以一起去找伴侶諮商師，他們可以協助你們了解，究竟是哪些情緒在背後障

礙著你們。

伴侶治療並不只服務伴侶，其他關係也能這樣做，比如父親與兒子之間。重要的是這位治療師受過專業訓練，在伴侶治療有實務經驗就可以。這樣的經驗能確保他能讓對話過程慢慢進行，有充分時間確認雙方狀況都安好，也能在對話進入死胡同的時候，提供引導改變話題。伴侶治療師也能提供一些工具，幫助你們改變互動的方式。

如果你已經跟某位親人談過，但談不出什麼結果，如果就連專業人士的協助也沒有用，你可以透過縮短與對方相處時間的方式來保護自己。

父母或祖父母不應該造成兒孫的負擔到這種程度，以至於他們沒有什麼美好可以傳承下去。

你或許沒辦法具體看見那究竟如何對你產生負面效應。不過你還是可以寫信並說出來，盡可能誠實而具體表達，像是：

媽媽：

　　我不知道為什麼，但我就是覺得跟妳在一起很不舒服，這件事已經困擾我很多年了，情況甚至糟到有時候我回到家還反胃吐了。我們保持聯繫是很重要，不過如果妳發現了我的不以為然，妳大概也就知道是為什麼了。

　　媽媽，我們或許改變不了什麼，事情就是這樣，並不是因為妳我之間誰有什麼錯，我不希望妳給我壓力，所以我會告訴妳，我希望兩人何時見面或是會面多久。

　　能說出這些話，會大大鬆一口氣，不過要這麼誠實也是挺嚇人的。以我應對母親的案例來說，我選擇用些小小的善意謊言做些無法見面的藉口，此外，我不敢多做些什麼。不過那也是有代價的。我為了意圖避免傷了母親的感

情，結果是讓自己產生了負擔。後果是我必須暗自承受探望過於匆促的譴責，以及竟暗暗希望她早日歸天的羞愧。現在的我，做法可能會不一樣了。

另一種對給人負擔的親人說不的方法是像這樣：

媽媽：

　　我很感激妳賦予了我生命，不過為了守護自己，並以最好的狀態傳承下去，我必須限縮我跟妳的接觸，這樣我就不需要花費太多心力在消滅我眼中光彩的事情上。

這個說法或許不是很適合用在父母身上，不過它可能是你考慮限縮接觸時可參考的一個很好的思考點。也就是說，出於你在親族一員的立足點，為了你所接收與必須傳

承下去的東西，你選擇限縮接觸。

父母不應該讓孩子肩負內疚與羞愧，即使他們已經長大。必須有人終止這一切，父母若缺乏自省的視野與智慧這麼做，成年後的子女必須有勇氣說出哪些事算是傷人的事，否則結果很容易變成由無法畫出界線的孩子付出代價，因為當他們感受到父母承受壓力或心力交瘁時，會有意識或在潛意識中認定是自己的錯。

本章重點

◆ 目標並不是你應該要永久視在世親人為本質的存在。

◆ 進行祖先療法時，你也許可以先暫停與對方接觸。

◆ 不要任由你的親人讓你背負內疚與羞愧。

◆ 如果親人對你有肢體或非肢體的暴力行為，最重要的是先終止暴力，接著再進行祖先療法。

Say Hello To Your Ancestry And
Get The Courage To Be Who You Are

Say Hello To Your Ancestry And
Get The Courage To Be Who You Are

第 8 章

其他
替代方案

不只是書信，對著親人的照片說話，
或者運用人偶、空椅法，都能進行祖先療法。

如果你不喜歡書寫，或者你想要在書寫與其他有效工具之間交替運用，以下是你可以使用的方法。在使用這些替代方案的時候，你仍然可以參照書寫信件時那些進行方法與提問靈感，只要把寫換成說就好。我將於本章說明如何進行。

　　第一步同樣是從選擇一位你想要處理關係的親人開始。當人選準備好，接著打造一個平和又寧靜的環境，並給自己預留充裕的時間。 把這些都準備妥當之後，想像這位親人坐在你面前，或與你面對面，這時感覺一下你的內在，與你所接收到的各種感受、失落或是渴望連結。

使用人偶

　　本書最後附錄部分，附有人偶的紙樣，你可以剪下來使用。

先為你所要處理關係的對象選一個代表人偶，接著將另外一個人偶當作是你自己。

　　把兩個紙人偶放在你面前的桌上，為兩個人偶調整一個適當的距離。也許有一個會想要遠遠立在邊緣，或者想要背對著另一個。你可以調整他們的位置，直到你心裡覺得對了為止。

　　準備好你要代替哪一方說話。就拿你選擇你的祖父來說好了，想像他以他的本質存在，然後試著讓他對你說些你聽了會覺得開心的話。當他說話的時候，你可以輕輕的用手指觸摸他。

　　如同在書信運作時一樣，你也可以決定哪一方先開始。也許你有些感受需要先表達出來，才有辦法讓對方的意向浮現。在這種情況下，把握這個契機，把你對這個人帶給你的所有悲傷、恐懼、喜悅、感激或憤怒，全都澈底的傾瀉出來。

　　一旦你說完，或許就有辦法讓另外一個人也說說話

了，不過這個流程或許需要等過了幾天之後再進行，因為這樣一來可以讓你先前傾訴所有感受之後的迴盪，在你的內在系統沉澱下來，接著再進行下一步。

除了人偶，你也可以在海邊撿些石頭來使用。你所挑選的兩顆石頭，最好是大小很接近，不要變成是「大石頭」對「小石頭」說話，而是兩個成人在對話，如同你們現在這樣，只是一個人跟另一個人說話。

書信運作時，很重要的是要把信件念出來。同樣的，你重聽自己所說的話，也是至關重要的步驟。你可以用手機錄下來，這樣可以在幾天之後再聽一遍，透過重聽，你可能會收穫更大。而如果你知道有適合的人選可以跟你一起重聽，也會讓你獲益更大。

對著照片訴說

另一個選項是對著你想處理關係那位親人的照片，說出你的內心話。你若要以親人的角度說話時，可以對著自己的照片說話，準備近期的照片來進行會是最理想。

很重要的是，你必須說出來，而不只是在你腦中想著你要說的話。運用這種方式的時候也一樣，請記得錄下自己所說的話，不管是在白紙黑字寫出來或是留下錄音檔，都讓一切更加明確清楚。你在事後重溫時，也比較可以從外部客觀視角看到先前忽略的細節，全新的體會有可能就這樣發生了。

想像親人坐在你面前

第三種選項，是準備兩張相對的椅子，想像你的親人

坐在其中一張,而你坐在另一張。在你坐定之後可以先深呼吸幾次,感覺椅子正承載著你。如果你決定先從自己開始說話,那麼想像坐在你對面椅子上的親人,現在是怎樣的穿著打扮?以什麼樣姿態坐著?以及現在的面部表情怎麼樣?

感受一下坐在她的對面,你自己有什麼感覺。目前這樣的距離恰當嗎?或者其中一張椅子需要挪動位置?你感覺到放鬆或是緊繃?是否激起了一些情緒?或者這觸發了你想跟對方說些什麼?

向內探索,把所有浮上心頭的話,對著你想像中坐在空椅子上的那個人說出來。

全都說出來之後,你可以換到另外一張椅子,就像你要從這位親人的角度寫信給自己一樣。這時你必須扮演這位親人以她的本質存在的樣子,這時她放下所有生命給的耗損與創痛,處於完好無傷的狀態,以這位親人的角度對自己說些正面的話語,舉例來說,你可以這樣開始,「凱

倫，我是妳的媽媽。」接著可以這樣說：「現在我想要告訴妳，我最愛妳的部分是……」或是：「我很抱歉，我之前忽略了妳以及妳的好意，比如說妳曾經……」

當你站在這位親人的立場，說完了所有想說的話，坐回你自己的椅子，感受一下聽到剛剛那些話語，你接收到了什麼樣的訊息，有什麼感覺？感覺很美好？是否覺得感動？或者覺得其中少了什麼？

你可以這樣來回對調位子幾次，進行相互對話。這時也一樣，務必記得錄音，並且在事後重聽，感受一下它對你產生了什麼樣的效應。

一位從事精神方面工作的人士說到，時不時的就會有他服務的民眾，覺得不想再見到他，也沒有正式道別，就聯絡了他的主管要求要換一位社工人員。然而這種時候都會讓他想要讓這段關係結束的完好一點。

特別是如果這是他已經訪視很多年的民眾，這種時候他通常就會運用空椅法，來找回內在的平靜。對他來說，

最有效的就是他從責備這位民眾開始：「你以為你是誰呀？」不過每換一次椅子，語調就會變得溫和些，事後每當他在想起這位民眾，所想的是椅子上的對話，而不是被排拒或憤怒的感受。

　　同樣的，你的書信、照片對話與空椅法的運作，都可以成為未來你與親人的連結的方式，這些都能夠讓你的負面想法獲得深度的釋放，或者改寫你與他人最新的記憶。

◆ 除了書信之外，你可以選擇把想要寫的，對著一張照片或人偶說出來。

◆ 你也可以運用兩張相對的椅子，讓對話發生。你的親人從其中一張椅子說話，你則坐在另一張椅子上。

Say Hello To Your Ancestry And
Get The Courage To Be Who You Are

第 9 章

原諒

當一個人說，「請原諒我。」
他內心其實是在表達，請不要懲罰我。

如果你與某位親人的關係惡劣而矛盾，你不知道是否該原諒她。多年來，對於原諒的意義，各方持有許多不同的觀點，有些人認為只有在你已經不再憤怒或者接納對方所作所為時，原諒才有可能發生。但若從這個定義來說，原諒往往不太可能做到的。

原諒是施予某種東西給冒犯者

同時是教士與心理治療師的班特·法爾克（Bent Falk），他的詮釋我覺得很有參考價值。據他的說法，原諒（forgive）如同英文字面上所述，是「給予」（give），此處我們可以先加上「儘管」做為輔助，原諒是你可以做的一種選擇，它不在於不再憤怒，也不在於對對方產生什麼感情，你無論如何都是無法控制自己這些情緒的，即使每當你想到發生的事情，依舊感到痛苦或憤

怒，你仍然可以原諒；比如說，你曾受到對方言語暴力或者打壓。

以下是三個原諒可能發生的樣貌：

● 我真希望小時候你有好好照顧我，但事情發生了就發生了，我相信你當時已經盡了全力，所以現在我會試著放下、往前走，專注在我們所共度的美好經驗上。
● 雖然一想到你之前做過的事我仍然很生氣，我會試著放下過多的負面情緒，我會提醒自己，你是出於善意而這麼做。每個人都有自己的難處，而我並不清楚你的困境。
● 我仍然覺得無法接受你所做的事，不過現在我想我也已經責備夠了，所以從今以後，我會把注意力放在自己從中學到的事，以及我們有過的美好經驗上。

班特‧法爾克說過，當人們說我很抱歉，其實是說請

不要懲罰我。我覺得這話說的很精準。

有些人覺得自己不夠有原諒之心或者做的不對，為了探究這點，我通常會問：「如果這位冒犯者承認她做錯了，而且祈求你不要懲罰她，你會怎麼回應？」對方的回應通常都很快速且真心：「我當然不會懲罰她。」那麼我的回答就是：「這樣的話，你其實已經原諒了。」

負面情緒與自我保護

即使你已經原諒了，你對這位冒犯者可能還是有很多負面與正面的諸多複雜情緒，而你可能也會發現當你與對方共處一室，你的自我保護機制就會啟動，讓你無法安然處之，時時保持警戒。對方可能會把你的疏離當成是一種懲罰，但你並不是刻意為之。你或許會需要花一點時間才有辦法完全放鬆下來，或者也有可能你的自我保護機制自

動運作，你根本控制不了它。

　　有時候你的防禦機制比你更機靈，也許你的大腦還不知道，你的直覺跟身體卻已經察覺某些動靜，也就是在這段關係中你有應該要保護自己的部分。舉例來說，你的親人或許基本上根本無法兌現自己對你承諾要改善的事，或者她自身的創傷、需求與難題已經讓她心力交瘁到無力也無法來了解你。

　　你們之間的關係始終如此疏離的另外一個理由是，你不想要面對現實，即使你已經試著原諒對方。有些人是因為這個原因而一直不解除防衛，只要你堅持與某人保持距離，你就可以迴避去感受自身的無助、痛苦與悲傷。換句話說，你的憤怒可以用來做個擋箭牌，讓自己不要感受到脆弱。

面對失去並放下

　　每當我們感到難以原諒，通常是因為覺得難以放下能夠獲得某種補償的希望。在潛意識裡或多或少抱持著這種希望。或許就連你都沒領悟到，自己有多麼不希望接受你遭受了這項損害與失去，即使你內心深處知道發生的事情已經覆水難收，有一部分的你拒絕面對這個事實。

　　比如車禍導致你跛腳，只要你全副心思都還是充滿對司機的憤怒、責怪與埋怨，你就聚焦在過去。那讓你不用去面對你的新處境，一旦你準備好承擔起自己對於失去的情緒反應，你就有辦法放下過去並原諒司機。

　　你也有可能因為童年遭到忽視受創，而一直有個心理創傷。這也是以同樣機制運作，只不過這種情況的損害更難彌補，所以更是唯有放下過去，面對你的創傷、悲鳴，然後向前走，才有可能平復。

　　你潛意識裡可能會害怕如果你接受了那個損失，會無

法承受隨之而來的悲痛情緒，許多的內在逞強是基於唯恐自己會崩潰。如果你沒把握不再與傷害你的那個人對抗之後，會不會無法承受那對自己的情緒衝擊，你可以先訓練自己承受情緒的能力。這部分你可以讀下一章相關的說明。要能夠變得足夠堅強到能與你因過去引發的情緒共處，需要花上一些時間。

**本章
重點**

◆ 原諒指的是提供某種東西給冒犯者。

◆ 原諒並不表示你不再有任何負面情緒。

◆ 你可能仍然必須保護自己。

◆ 如果你感到很難原諒，或許是因為你害怕自己無法承受自己對於放下這個失去的情緒反應，無法接受失去獲得補償的希望。

Say Hello To Your Ancestry And
Get The Courage To Be Who You Are

Say Hello To Your Ancestry And
Get The Courage To Be Who You Are

第 10 章

用開放的好奇心
面對你的感受

你與自己情緒共處的能力，很大程度受到你的父母
如何處理他們自己或是你的情緒的影響。

當你運用寫信、對著照片說話，或者其他方式進行祖先療法時，可能會升起一些你所不熟悉且讓你不舒服的感覺，或者熟悉的感覺卻以不一樣的強度出現。你可能會想從中逃跑或把這個計畫擱置。這樣就太可惜了，因為當你升起不常感受到的情緒，或者這些情緒出現異常的強度在內心上演，正是你能學到新東西的契機。如同第二章提到過的莎拉，如果她沒有從包包中拿出信來讀，她可能就無法體驗到如此深度的釋放。

　　在這一章中，我會介紹一些方法與工具，讓你在體驗到這些情緒時，不會想逃跑或過於驚慌。

照顧你的感受

　　如果你不喜歡生氣時的自己，可以訓練自己採取不同的態度。當你生氣時，可以用你心靈之眼看著自己。寫一

封關懷的信給你所看見的那個人，帶著關切跟她說話，比如運用紙人偶，可以這樣說或寫給自己：

親愛的伊麗絲：

　　妳心中盤踞著一股動能，妳發現已經有點難以承受，不過沒關係，妳可以學著面對它。妳正在練習這麼做，這樣真的很好。情緒沒有好壞，它們只是存在，它們往往不請自來，妳有這些感受並不是妳的錯。感到生氣是沒問題的，妳永遠都可以自由感受妳所感受到的。

深愛妳的最好朋友

　　你也可以直接跟你現在的感受對話，有時這樣做甚至

能有更深刻的效應，比如這樣寫或說：

親愛的悲傷：

　　你出現是沒問題的，我會用開放的好奇心與你相
會，我會避免試圖改變你，相反的，我會傾聽你想訴
說什麼，並讓你全然展現自己。你可以用你這樣的沉
重存在著，我們會變成朋友的。

　　　　　　　　　　　　　　　　　愛你的伊麗絲

　　你若想要找到內在的平靜，弔詭的是你必須能安於現
況，而不是把自己帶往某處。當然，去散散步、找人陪伴
或運動也都很好，都能夠改善心情，也就沒有必要去蘊釀
悲傷情緒了。不過如果你是不敢正視自己的悲傷，或者不

想去感覺它在你身體裡的感受，損害的是你會活得跟自己的內在自我很疏離的狀態。

我們許多人都只喜歡自己部分的內在感受，然後花很多心力試圖從其他不喜愛的部分逃開。遲疑就是其中一個多數人很不喜歡與之共處、會想逃走的情境。舉例來說，你對於應不應該離職有了遲疑，你當然會想辦法找出一條路來，不過你也可以試試接納這種遲疑。處在遲疑之中是沒問題的，不管你感受如何都是可以的。人在遲疑的時候，就是開啟了多個選項。如果你能視遲疑為朋友，跟它安然相處，時機成熟的時候，正確的方向就會自然浮現。

這情況適用於所有的感受與情境。如果你能夠接納自己所感受到的一切，而不與之對抗，也許一開始你的內在自我會受到衝擊，不過你會發現一陣子過後就會平息下來，取而代之的是一種全新的內在感受。

自我包容帶來平靜感

有能力包容自己，意味著有辦法接受自己的內在自我，以及生命中內在生活的多元性。此處的接納並不是頭腦層面的，光是心智認可你的感受是不夠的。

舉例來說，你的頭腦可以接納你的憤怒，你也認為生氣是合理的，但此時還是可能會發現自己難以忍受自身的怒意。此外，你可能認為愛是一種美好的情感，不過當愛的感受變得強烈時，你有可能會產生焦慮的症狀，比如不安、心悸或頭暈。

一個人唯有在全副身心敞開自己，去承受並任由那感受待在身體裡的感覺，而且能做到感受著它卻不逃避，這樣就做到包容感受了。

許多緊張或焦慮都來自你發現自己很難包容感受，如果你善於包容自己，你就比較能夠放鬆，並且給自己一些時間傾聽內在自我，察覺到此刻你需要做什麼，即使你的

情緒很澎湃洶湧。

當你包容不了某種情緒

有時你可能會發現自己雖然很想為感受負起責任，但怒氣一來就又失去控制。應該很多人都有這種經驗。同樣的，也有很多人常常忍不住對著某個人爆發怒意，即使明明心中百般不願發生這樣的事。你可能會體驗到就像心裡空間不足以容納那個情緒，它便透過犀利的話語、高踞的肢體語言或中傷對方的方式噴發出來，或者如同止不住的大浪崩潰，讓你像對著某人嘔吐一樣從口中傾瀉出來。

當你無法忍受與目前現身主導內在舞臺的某種感受共處，你可能會反應過快，可能會揉掉書信或紙人偶，把它們都扔掉，並放棄學習這項療癒工具。

為何你會難以包容某種情緒

包容與控制自身感受的能力多半也是代代相傳而來的。你可能對於自己與父母的關係友好而感到舒坦，同時你的父母與祖父母可能有過無法承擔的感受，因此那部分你一直沒有獲得足夠的支持，去好好與之和平共處。

在某些家庭中，大家可以安心感受或表達自我。但在某些家庭裡，釋出某些感受可能會被忽略或遭到訓斥。**你與自己情緒共處的能力，很大程度受到你的父母如何處理他們自己或是你的情緒的影響。**

莎莉就是典型的例子，當一個母親難以包容自己的情緒，也就無法包容孩子的情緒。莎莉會在兒子跌倒的時候喊道：「起來站好！」甚至都還沒跌落地面，她就已經叫喊出來了！這個兒子根本沒有時間、也沒人幫助他去與情緒同在，而這個小男孩所學到的是，人不應該有受傷的感覺。這個兒子往後會發現他也很難幫助自己的小孩去包容

他們痛楚的感覺。

　　瑪麗也是另一個典型案例，她在兒子生氣的時候會扭頭就走，或許兒子的生氣讓她想起自己跟父親不愉快的經驗，不管是什麼原因，她在兒子生氣時感覺非常不安與不悅，而且無法與他面對面。結果這男孩就這樣被拋下獨自生氣，他或許因而試圖用不健全的策略來處理這個情況，比如讓怒氣不當轉移或用不當的方式表現出來，結果與他周遭的人起了衝突。

　　拉斯穆斯的做法則是試著幫助孩子包容情緒的案例，當女兒跌倒時，他會握著她的手，等她哭完。他也會幫助她找出字眼，形容出自己的感受，比如他可能會說：「喔喔，這樣很痛啊！」

　　蘇菲是另一個例子，當女兒怒氣升起的時候，她會模仿她生氣的動作然後說：「妳生氣了，小朋友，沒關係，妳可以生氣。」而這個孩子就會體驗到，母親可以包容她的生氣。這樣一來，她能夠了解自己的憤怒，並且練習去

包容自己。

　　有些父母會想辦法創造出空間，讓大家感到所有感受都是可以表達出來，都不會被指責。他們會教導孩子找回平靜的方法，即使孩子內心起了情緒的波濤。如此一來，這孩子就逐漸能夠對自己或自己的情緒、想法與渴望，發展出和平的關係。有些父母能夠包容孩子的某些感受，不過也許會有一兩個比較難接受而忽略。

　　如果你的父母忽略你的某個感受，或者反應很負面，你很有可能也會覺得現在的你也會很難包容與關懷自己的這個感受。當這感受升起時，你可能會感到難以自處。在某些家庭，憤怒可能是無法表現出來的情緒，在某些家庭，無法展現的可能是悲傷或恐懼，因為那是軟弱的象徵。而在有些家庭中，開心可能被看作喧鬧，甚至是個刺痛的提醒，因為家庭某些成員無法同享這份喜悅。

　　許多父母都不知道教導孩子包容感受的重要性，我的父母就不懂這個。只要我十分興奮開懷時，我的父親就會

怒喊：「小聲一點！」難怪強烈的喜悅總是會讓我覺得焦慮不安。

我想我祖父一定也是這樣對我父親喊叫的。而我生病的曾祖父，當年可能更大聲斥責。無法包容某種情緒，經常都是這樣流傳好幾個世代，而這實在也不是任何人的錯。不過你有機會終止這個負面傳承，把好一點的東西傳下去。

包容度增進你的行動自由

當我們與某人共處一室會讓自己感到不舒服時，多數人會覺得問題是出在那個人。某種程度上來說也沒錯，因為是那個人啟動了我內心某種感受，使我們覺得很難受。我們可以透過避開那個人來解決掉這個問題，不過還有更好的選擇，那就是你練習看看如何更能包容並關愛自己的

感受。

　　有許多理由讓你避開一段關係，比如那個人對你很不好，不過如果對方光是存在就讓你不舒服，最明智的做法應該是貼近去檢視對方引發了你內在的什麼情緒，也許那是你可以進一步去關懷的一種情緒。

　　你越是能愛護你內在狀態的種種面貌，你就越自由。你也就越不會對於自己的感受過度反應，或者老是想要避開某人或某種情境。

　　包容能力越好，也能讓你對相關的痛苦與壓力越有韌性，因此也會給你更多勇氣讓你的關係走得更深入。對於焦慮的承受度也會更高，因為焦慮通常根源於某種情緒的轉移，如果你敢於迎接自己所有的感受並一一認可它們，你就會活得非常安穩堅實。

如何增強情緒包容力

　　我也曾經非常害怕自己的情緒。我怕它們太壯大會從內心把我擊垮，或把我沖走讓我無法立足。舉例來說，當我感到悲傷，我還是會有很強的衝動要去瀏覽社群平臺，如果我順從了這衝動，那麼半小時就瞬間流逝，而我會成功跟自己疏離，不必去感受自己的情緒。

　　相反的，如果我整頓自己坐在冥想的坐墊上——即使我超級不情願這麼做。但我閉上眼睛，做幾次深呼吸。我讓吸進來的空氣，擴展到我的全身，我請求宇宙幫我敞開自己，迎接那些造成我壓力的東西，而我提醒自己我比我的感受更強大，接著我臣服在我的感受之中。或許受了感受的觸發，我哭了，那我就讓淚水如雨水傾瀉。一旦我體驗那感受一陣子之後，它就減輕了，接著我就能繼續我本來在做的事。

　　有時候我也會半夜醒來，感到喪志與絕望，我的頭腦

急欲找到出口但卻怎樣都找不到。我不由自主會用的方法就是找解決方案，不過如果我不參與那些壓力想法，而開始關注我的身體，事情就會好轉了。接著我靜靜躺著專注在呼吸上，跟隨著空氣從鼻孔進入身體，讓胸腹漲起，然後再讓空氣流出體外。我敞開自己去感覺那個絕望。那是生命的一部分，那是被允許存在的東西。如果我不再對抗我所察覺到的感受，通常就能體驗到一股暖流通過身體。那股暖流讓我平靜下來。

我並不是每次都能做得那麼澈底。有時我只是靜止幾秒鐘，做個深呼吸，感受我的身體，甚至是手指、腳趾，並且對哪裡有壓迫的感覺保持好奇。當你迎接並接納、關注某種感受，它通常不久就會自動消退。

如果你無法承受某個感受，你應該試著跟它在一起，即使你可能想要透過做些什麼、想些什麼來逃開它。

某些時候你如果無法做到適當關注自己，也許你正在開會中或者主管讓你很惱怒煩躁，讓你快要爆發了，在那

種時候，你可以等到有辦法處於一個安靜的環境時，再去練習包容自己的感受。

當你進入適合沉思的環境時，你可以慢慢在心裡回溯一下整個情況，重溫那些感受，運用你的好奇去面對它。此時重點不在找到你的反應根源，理想上你不應該去找原因、分析或推測，接受你產生了某些情緒，用你的感官去體驗那些感受。那感受出現在身體的哪個部位？你感覺到冷或是熱？這能量有怎樣的特質？是顫抖、冒泡或者震顫的感覺？有顏色、氣味嗎？是否具有某種口感或聲音？對於每個身體部位會產生的感覺都保持好奇，有沒有想要做鬼臉？你的手有想要張開或握緊的感覺嗎？

不要因為恐懼而緊縮，試著擴張自己，讓這些感受在你的身體能有個位置。做幾個深呼吸，設法每一秒都與這感覺同在，不僵住也不動作，你會開始一點一點與之融合，擴展了你的包容力。那就像穿上一件剛洗好晒乾的牛仔褲一開始有點緊，你好好穿上，接著它會自己鬆開變得

舒適好穿。

　　每次你有股衝動想要避開某人或某事時，或許可以問問自己：這次我可不可以利用這個機會來練習包容自己的感受？你可以像鍛鍊肌力一樣鍛鍊對自己的包容力。你如果不舉重物，手臂會越來越瘦弱。如果你每次面對棘手的情緒，不管是在身體上或心理上你總是選擇退縮，當你不得不面對它們時你會十分脆弱。不過如果你願挑戰自己，你的包容力也會隨著問題的難度同步增進。

　　當遇上感受比你習慣的強度更強時，很重要的是，不要立刻逃開，而要跟它待在一起，並對自己的內在反應感到好奇。然而你仍然可以斟酌強度，如果強度已經大到讓你忘了呼吸，或者無法感受身體，而使你無法動彈，那麼強度可能就太大了。可以考慮泡個熱水澡或泡泡腳，那會強化你對身體的連結，讓這練習更容易做到。你也可以休息一下，做些身體活動，比如散步，也會很有幫助。

與他人分享感受

如果你發現有某些感受你經常無法面對，或者某些情況你特別難承受，可以考慮尋求他人的協助。兩個人的包容度會比獨自去做更容易。如果你難以承受某種感受或痛苦，跟他人的身體或眼神接觸會有所幫助。會有幫助的眼神是，對方對於那種感受是比較能接受的。比如一個關懷你的朋友，或者心理治療師或諮商師。

當你談論某個感受時，避免為自己合理化。你不需要那樣做。相反的，合理化反而會讓你岔題或者讓你更難去感受它。如前所述，解釋是多餘的。你可以擁有你無法解釋的情緒，那是沒問題的。你永遠都可以感受你感受到的，行動或許會有對錯，但感受與情緒就如它們所是——無論你喜不喜歡它們。

不要說：「我很氣，因為……」直接表達，你會獲得更大釋放，比如：

我氣死了，而且我可以感覺到它在我的身體裡，然

後⋯⋯我整個身體都在發抖

我的心都冷了

我的肌肉緊繃了

我流汗了

我的手臂在顫抖

當你感覺著自己的身體時，你會比較腳踏實地，也會比較處於當下。正是這種錨定於身體，讓你能夠包容自己的感覺。

你不是你的想法與感受

感受以及其他狀態來來去去，在你的生命中，各種想法與感受在你的意識中升起又散去。你是那個體驗這種種

不同感受的人，而且在內心深處，你仍是那個剛出生睜開眼看到這世界時的那個你，接著你透過孩提時候的眼、青少年時期的眼，以及現在已經成年的自己的眼看著世界。

你可以看到內在的體驗像浮雲一樣來來去去，而你是天空，你比那些飄過的想法或情緒都更恆久不變。

當我遇上想要包容的情緒時，我會提醒自己我不是我的感受或想法，我是體驗它們的人。我越能夠認同自己是目睹我的情緒的人，而不是認同自己就是情緒本身，我就越能感到踏實。

哀傷是自我成長過程的自然現象

如果你充分深入運用本書的工具，而獲得全新的、改變人生的領悟，你或許會同時觸及釋放與哀傷。釋放是一種非常愉悅的體驗，哀傷通常也是健康的表徵，當某件事

對你來說已經比較好面對了，你已經有能力感受到之前是多麼艱難。

很多人會自問：「為什麼我沒能早點發現這點？」這是個能夠提供新的領悟的好問題。帶著好奇輕柔的問，但要確保自己不會沉思太久，以致於又因自責而感到沉重。你詢問後如果沒有答案，就放掉它吧。你即使不知道其中的道理，仍然可以輕鬆的去行動。

如果你著重在何以沒有早點有這些領悟，也應該要記得引導你的意識關注自己具備的資源。舉例來說，你可以問問自己：「現在我能有所領悟是因為哪些特質？」或許是因為你的勇氣、意志力、直覺或是毅力，把你推上這個新認知能顯現出來的境地。

為自己先前生命有多麼艱難而感到哀傷，也是個很好的療癒過程。**允許自己在某些時期非常脆弱，同時特別關照自己。當哀傷淡去，你很有可能會感覺自己在面對挑戰方面變得更強大、更堅強。**

◆ 你越能與自己的感受融合、關注自己的感覺，就越容
　易找到內在的平靜，行動也更自由。

◆ 你對情緒的包容度某種程度是從祖先承襲而來的。

◆ 你可以像鍛鍊肌力一樣鍛鍊對自己的包容力。

◆ 當你要體驗某種感受時，與他人做眼神接觸，對提升
　包容力有幫助。

◆ 當你分享你的感受，專注於身體有什麼感覺是很好的
　方式。

◆ 哀傷是個很好的過程，也是種健康的表徵。

◆ 你不是你的感受或想法。

Say Hello To Your Ancestry And
Get The Courage To Be Who You Are

Say Hello To Your Ancestry And
Get The Courage To Be Who You Are

和平的工作正在延續

很多人花費多年等待某人改變，我還記得自己小時候寫過很多洩憤的信給父親，希望他能了解自己不能再那樣。長大後，我又想要改變我的男友。結果這些全都不太奏效。

當你運用祖先療法，就是在改變你的內在，而那會進而影響你所愛的人，也會激勵他們去找到自身的平靜。這樣一來，你能做到的就會遠遠超越你自身範圍。你所創造的和平就會像水中漣漪一樣散播出去，並傳承給後世。

如果每個人都謹慎小心都能培養和平（不論是內在或在自身周遭），衝突會更快被化解，也能避免戰爭。

我希望你在這本書中找到靈感，去跟你的祖先締結和

平連結，讓你可以向他們敞開自己，像個漏斗一樣接受他們想要傳遞給你的祝福與美好。

有了祖先的支持，你就能自在的做自己，也可以成為一個好的典範，你會有辦法對自己寬容，也有餘裕將之傳承下去。

致謝

我想要感謝以下人士：

心理治療師與神學碩士 Bent Falk，他也是多本書籍的作者，包括暢銷書《誠實對話》（*Honest Dialogue*）。他對我來說一直以來都很重要，無論是個人或專業發展來說都是。

感謝心理學碩士 Niels Hoffmeyer，直到他去世前仍擔任格式塔分析研究所所長。多年來，他一直是我很大的靈感來源。

我也要感謝所有閱讀這本書給過我反饋的人，包括 Margith Christiansen, Lene Broe Dahl, Christine Grøntved, Martin Håstrup, Jan Kaa Kristensen, Ulla Larsen, Jørn

Blander Nielsen, Kirstine Sand, Jørgen Schmidt 以及 Lone

Søgaard。你們每個人都為這本書留下了印記。

影響我創作的文獻

- Buber, Martin: I and Thou. Martino Fine Books, 2010.

- Davidsen-Nielsen, Marianne og Nini Leick: Healing Pain:
  Attachment, Loss, and Grief Therapy. Routledge, 1991.

- Falk, Bent: Honest Dialogue. Presence, common sense,
  and boundaries when you want to help someone. Jessica
  Kingsley Publishers, 2017.

- Doris Elisabeth Fischer: Unravel Entanglements with love.
  Familieopstiller 2018

- Hart, S. Brain, Attachment, Personality: An Introduction to
  Neuroaffective Development. London: Karnac Books 2018.

- Jung, C. G. : The Undiscovered Self. Later Printing (6th)

edition (1958)

- Kierkegaard, Søren: The Sickness unto Death. Penguin Classics; First Printing edition (August 1, 1989)

- Kierkegaard, Søren: The Concept of Anxiety. Princeton University Press; First Edition (US)

- First Printing edition (February 1, 1981)

- Miller, Alice: The Drama of the Gifted Child. Basic Books, 1997

- Della Selva, Patricia Coughlin: Intensive Short-term Dynamic Psychotherapy: Theory and Technique. London: Karnac Books. 1996.

- O' toole, Donna: Aarvy Aardvark Finds Hope. Compassion Press, 1988.

- Sand, Ilse: Confronting Shame: How to Understand Your Shame and Gain Inner Freedom. Jessica Kingsley Publishers, 2022

- Sand, Ilse: Come Closer. Jessica Kingsley Publishers, 2017

- Sand, Ilse: Highly Sensitive People in an Insensitive World: How to Create a Happy Life. Jessica Kingsley Publishers, 2016.

- Sand, Ilse: On Being an Introvert or Highly Sensitive Person – a guide to boundaries, joy, and meaning. Jessica Kingsley Publishers, 2018

- Sand, Ilse: See Yourself with Friendly Eyes – Let go of your guilt. Ammentorp 2023 Sand, Ilse: The Emotional Compass: How to Think Better about Your Feelings. Jessica Kingsley Publishers, 2016.

- Sand, Ilse: Helping through conversation. Specific advice, ideas and instructions. Ammentorp 2023

- Tolle, Eckhart: The Power of Now. New world Library, 2010 Yalom, Irvin D: Existential Psychotherapy, 1980.

附錄：人偶紙樣 A

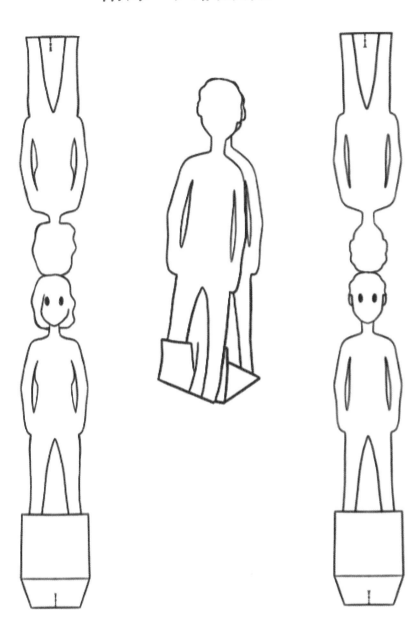

附錄：人偶紙樣 B

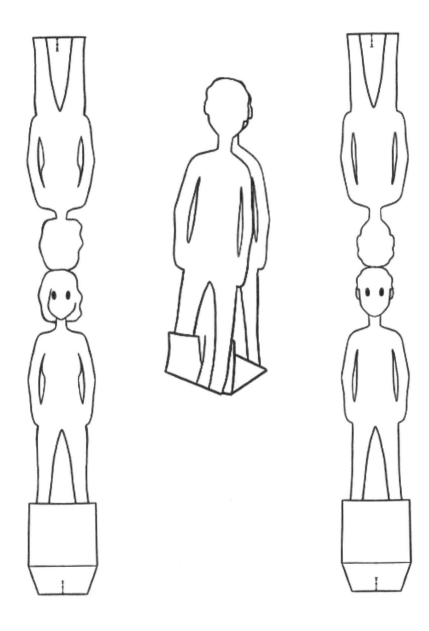

國家圖書館出版品預行編目(CIP)資料

心靈家書的療癒力量：用書信對話法，化解親情難
題，釋放你被封印的愛與力量 / 伊麗絲．桑德 (Ilse
Sand) 著；王子敏譯 . -- 初版 . -- 新北市：虎吉文化有
限公司, 2024.02

面； 公分 . -- (Mind ; 6)

譯自：Say hello to your ancestry : and get the courage to be
who you are.

ISBN 978-626-97496-8-3(平裝)

1.CST: 書信 2.CST: 心理治療法

178.8   113001387

虎吉文化

MIND 06

心靈家書的療癒力量

用書信對話法，化解親情難題，釋放你被封印的愛與力量

作　　者　伊麗絲‧桑德（Ilse Sand）
總 編 輯　何玉美
校　　對　張秀雲
封面設計　池婉珊
內頁設計　池婉珊
排　　版　陳佩君
行銷企畫　鄒人郁
發　　行　虎吉文化有限公司
地　　址　新北市淡水區民權路 25 號 3 樓之 5
電　　話　（02）8809-6377
客　　服　hugibooks@gmail.com

經 銷 商　大和書報圖書公司
電　　話　(02)8990-2588

印　　刷　沐春行銷創意有限公司
初版一刷　2024 年 2 月 28 日
定　　價　380 元
I S B N　978-626-97496-8-3

SAY HELLO TO YOUR ANCESTRY: AND GET THE COURAGE TO BE WHO
YOU ARE by ILSE SAND
Copyright: © 2023 by ILSE SAND
This edition arranged with ILSE SAND
through BIG APPLE AGENCY, INC., LABUAN, MALAYSIA.
Traditional Chinese edition copyright:
2024 Hugibooks Co., Ltd.
All rights reserved.

HUGIBOOKS

HUGIBOOKS